BUKU MASAK PAI YANG MENAKJUBKAN

Kuasai Kerak Sempurna dan 100 Isi Hebat, dengan Buah-buahan, Kacang, Krim, Kastard, Ais Krim dan Banyak Lagi; Teknik Pakar untuk Membuat Pai Hebat dari Gores

Shanmugam Saunthararajah

Bahan Hak Cipta ©2024

Hak cipta terpelihara

Tiada bahagian buku ini boleh digunakan atau dihantar dalam apa jua bentuk atau dengan apa cara sekalipun tanpa kebenaran bertulis yang sewajarnya daripada penerbit dan pemilik hak cipta, kecuali petikan ringkas yang digunakan dalam semakan. Buku ini tidak boleh dianggap sebagai pengganti nasihat perubatan, undang-undang atau profesional lain.

ISI KANDUNGAN

ISI KANDUNGAN 3
PENGENALAN 6
RESEPI ASAS 7
1. Serbuk pai 8
2. Pembekuan serbuk pai 10
3. Kerak coklat 12
4. Kerak Pai Rendah Lemak 14
5. Kerak Graham 16
6. Doh ibu 18

Pai KRIM 20
7. Mini Strawberi dan Pai Krim 21
8. Pai Krim Coklat 23
9. Pai Krim Pisang 27
10. Pai aiskrim susu bijirin 31
11. Pai PB dan J 33
12. Pai krim pisang 35
13. Pai coklat 38
14. Pai belalang 41
15. Pai berambut perang 43
16. Pai bar gula-gula 46
17. Lemon meringue–pistachio pai 49
18. Pai retak 52
19. Pai aiskrim susu bijirin jagung manis 56
20. Ricotta Pie berkrim 58
21. Pai Krim Gajus–Pisang 60
22. Peanut Butter–Ais Krim Pai 62
23. Pai krim Boston 64

Pai TANGAN 66
24. Pai tangan S'mores 67
25. Pai Tangan Blueberry 69
26. Pai tangan strawberi 71
27. Pai Tangan Epal 73

PAI BUAH-BUAHAN 76
28. Pai Limau Utama 77
29. Pai Epal Kuali 80
30. Pai Blueberry Rhubarb 82
31. Pai Epal 85
32. Pai Kelapa Mudah Tanpa Gluten 88
33. Pai limau gedang 90

34.	Pai kranberi	92
35.	Pai Peach Crumb	94
36.	Pai Awan Strawberi	97
37.	Pai Buah Segar Tanpa Bakar	100
38.	Pai Mangga Pisang	102
39.	Pai Krim Strawberi	104
40.	Pai meringue epal	106
41.	Pai epal hancur Cheddar	108

PIES SAYURAN 110

42.	Rhubarb Berlapis Macaroon	111
43.	Pai Penambang	113
44.	Pai Rhubarb	115
45.	Pai keledek	118
46.	Pai Labu	120
47.	Pai Ubi Keledek Selatan	122
48.	Pai articok Itali	124
49.	Pai Kotej Desa	126
50.	Pai Ayam, Leek & Cendawan	128
51.	Pai Labu dengan Sedikit Rum	131
52.	Pai tomato hijau	134
53.	Pai asparagus	136

PAI KACANG 138

54.	Pai Pecan	139
55.	Pai Hazelnut Coklat Putih	142
56.	Pai Kelapa Mudah Tanpa Gluten	144
57.	Pai oatmeal walnut hitam	146
58.	Pai acorn	148
59.	Pai ceri macaroon badam	150
60.	Pai coklat Amaretto	152
61.	Pai bar Snickers	154
62.	Pai rangup kacang ceri	156

Pai HERBED DAN FLORAL 158

63.	Pai Espresso Pudina Coklat	159
64.	Rosemary, Sosej & Pai Keju	161
65.	Pai kubis lemon	163

PAI DAGING DAN AYAM 166

66.	Pai sarapan telur	167
67.	Pai Keju dan Sosej	169
68.	Rosemary, Pai Sosej Ayam	171
69.	Pai Ayam	173
70.	Pai moose	175

PAI BIJIRAN DAN PASTA 177
- 71. Pai Tamale Tidak Sangat Konyol 178
- 72. Pai bebola daging .... Spaghetti 180
- 73. Pai Mee Bayam Bijan 182
- 74. Pai spageti Itali 184
- 75. Pai jagung 186

PAI PEDAS 188
- 76. Pai Karamel Lama 189
- 77. Pai Epal Kayu Manis-Gula 191
- 78. Kuali Kotor Pai Epal Karamel Masin 194
- 79. Pai parfait eggnog 198
- 80. Pai Tiramisu Rempah Labu 200
- 81. Pai roti kayu manis 203
- 82. Oatmeal cinnamon aiskrim 206
- 83. Pai kelapa Amaretto 208
- 84. Pai kastard Amish 210

WHOOPIE PIES 212
- 85. Pai Whoopie Tiramisu 213
- 86. Molase pai whoopie 216
- 87. Pai whoopie oatmeal 218

POT-PIIES 220
- 88. Pai periuk cendawan dan daging lembu 221
- 89. Pai periuk ayam Cheddar 224
- 90. Pai periuk babi rumah ladang 226
- 91. Pai periuk udang galah 228
- 92. Pai periuk stik 231
- 93. Pai periuk ayam Asia 233

PIES MINCE 236
- 94. Pai cincang Baileys 237
- 95. Pai cincang epal 240
- 96. Pai cincang streusel epal 242
- 97. Pai cincang kranberi 244
- 98. Pai cincang atas limau 246
- 99. Pai cincang dusun 249
- 100. Pai cincang krim masam 251

PENUTUP 253

PENGENALAN

Daripada klasik seperti pai epal kepada kegemaran baharu seperti pai sutera mocha, senarai resipi pai terbaik ini mempunyai sesuatu untuk semua orang. Malah terdapat pilihan tanpa bakar untuk mereka yang tidak begitu mahir dalam membakar. Sudah tentu, untuk kebanyakan resipi ini, anda boleh memilih daripada kerak biskut tekan, kerak pai semua mentega atau pastri puff. Dan apabila semuanya gagal, ambil sahaja kerak yang dibeli di kedai. Tidak ada yang salah dengan pintasan yang dibeli di kedai, dan ia akan menjimatkan banyak masa semasa membuat pai lemon meringue! Tetapi tidak kira resipi pai yang anda pilih, jangan lupa untuk memecahkan sudu ais krim atau krim putar untuk topping!

RESEPI ASAS

1. **Serbuk pai**

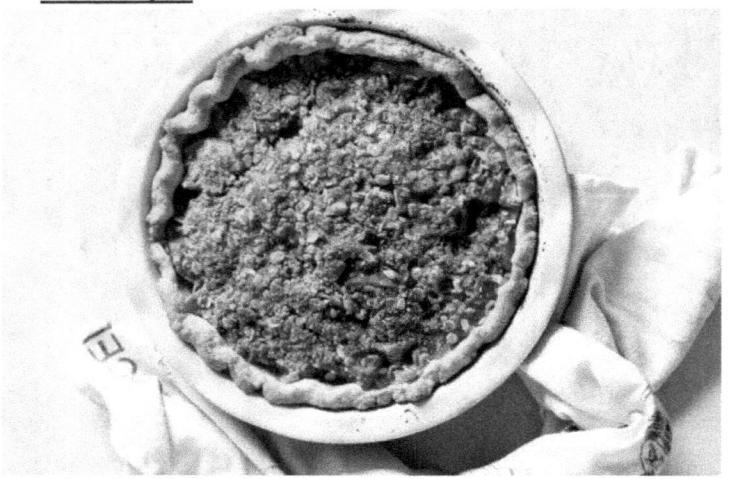

MENGHASILKAN KIRA-KIRA 350 G (2¾ CAWAN)

BAHAN-BAHAN:

1. 240 g tepung [1½ cawan]
2. 18 g gula [2 sudu besar]
3. 3 g garam halal [¾ sudu teh]
4. 115 g mentega, cair [8 sudu besar (1 batang)]
5. 20 g air [1½ sudu besar]

Arah

a) Panaskan ketuhar hingga 350°F.
b) Satukan tepung, gula, dan garam dalam mangkuk pengadun berdiri yang dipasang dengan lampiran dayung dan dayung pada kelajuan rendah sehingga sebati.
c) Masukkan mentega dan air dan dayung pada kelajuan rendah sehingga adunan mula bersatu dalam kelompok kecil.
d) Sebarkan gugusan pada kuali kertas kulit atau beralaskan Silpat. Bakar selama 25 minit, pecahkannya sekali-sekala. Serbuk harus berwarna perang keemasan dan masih sedikit lembap apabila disentuh pada ketika itu; mereka akan kering dan mengeras apabila ia sejuk.
e) Biarkan serbuk sejuk sepenuhnya sebelum digunakan.

2. Pembekuan serbuk pai

MEMBUAT KIRA-KIRA 220 G (¾ CAWAN), ATAU CUKUP UNTUK 2 KEK LAPIS PAI EPAL

BAHAN-BAHAN:
- ½ hidangan Pie Crumb
- 110 g susu [½ cawan]
- 2 g garam halal [½ sudu teh]
- 40 g mentega, pada suhu bilik [3 sudu besar]
- 40 g gula manisan [¼ cawan]

Arah

a) Satukan serbuk pai, susu, dan garam dalam pengisar, putar kelajuan ke sederhana tinggi, dan puri sehingga licin dan homogen. Ia akan mengambil masa 1 hingga 3 minit (bergantung pada kehebatan pengisar anda). Jika adunan tidak terkena pada bilah pengisar anda, matikan pengisar, ambil satu sudu teh kecil, dan kikis ke bawah sisi kanister, ingat untuk mengikis di bawah bilah, kemudian cuba lagi.

b) Satukan mentega dan gula manisan di dalam mangkuk pengadun berdiri yang dipasang dengan lampiran dayung dan krim bersama-sama pada sederhana tinggi selama 2 hingga 3 minit, sehingga kembang dan kuning pucat. Kikis bahagian tepi mangkuk dengan spatula.

c) Pada kelajuan rendah, kayuh dalam kandungan pengisar. Selepas 1 minit, engkol kelajuan sehingga sederhana tinggi dan biarkan dia merobek selama 2 minit lagi. Kikis bahagian tepi mangkuk. Jika adunan tidak seragam, sangat pucat, warna hampir sawo matang, berikan mangkuk itu satu lagi kikisan dan satu minit lagi dayung berkelajuan tinggi.

d) Gunakan pembekuan dengan segera, atau simpan dalam bekas kedap udara di dalam peti sejuk sehingga 1 minggu.

3. Kerak coklat

MEMBUAT 1 (10-INCI) KERAK PAI
BAHAN-BAHAN:
- ¾ hidangan Chocolate Crumb [260 g (1¾ cawan)]
- 8 g gula [2 sudu teh]
- 0.5 g garam halal [⅛ sudu teh]
- 14 g mentega, cair, atau mengikut keperluan [1 sudu besar]

Arah

a) Pukul serbuk coklat dalam pemproses makanan sehingga ia berpasir dan tiada gugusan yang besar kekal.

b) Pindahkan pasir ke dalam mangkuk dan, dengan tangan anda, toskan dengan gula dan garam. Masukkan mentega cair dan uli ke dalam pasir sehingga cukup lembap untuk diuli menjadi bebola. Jika ia tidak cukup lembap untuk berbuat demikian, cairkan 14 g (1 sudu besar) mentega tambahan dan uli.

c) Pindahkan adunan ke dalam loyang pai 10 inci. Dengan jari dan tapak tangan anda, tekan kerak coklat dengan kuat ke dalam tin, pastikan bahagian bawah dan tepi tin pai ditutup dengan sekata. Dibalut dengan bungkus plastik, kerak boleh disimpan pada suhu bilik sehingga 5 hari atau di dalam peti sejuk selama 2 minggu.

4. Kerak Pai Rendah Lemak

BAHAN-BAHAN:
- ⅓ cawan (80 ml) minyak kanola
- 1⅓ cawan (160 g) tepung
- 2 sudu besar (30 ml) air sejuk

Arah

a) Masukkan minyak ke dalam tepung dan gaul rata dengan garpu. Siramkan air dan gaul rata. Dengan tangan anda, tekan doh menjadi bebola dan leperkan. Gulung antara dua keping kertas lilin.

b) Keluarkan bahagian atas kertas berlilin, terbalikkan di atas pinggan pai, dan keluarkan sekeping kertas berlilin yang lain. Tekan ke tempatnya.

c) Untuk pai yang tidak memerlukan inti yang dibakar, bakar pada 400°F (200°C, atau tanda gas 6) selama 12 hingga 15 minit, atau sehingga perang sedikit.

5. Kerak Graham

MENGHASILKAN KIRA-KIRA 340 G (2 CAWAN)

BAHAN-BAHAN:
- 190 g serbuk keropok graham 1½ cawan]
- 20 g susu tepung [¼ cawan]
- 25 g gula [2 sudu besar]
- 3 g garam halal [¾ sudu teh]
- 55 g mentega, cair, atau mengikut keperluan [4 sudu besar (½ batang)]
- 55 g krim pekat [¼ cawan]

Arah

a) Masukkan serbuk graham, susu tepung, gula dan garam dengan tangan anda dalam mangkuk sederhana untuk mengagihkan bahan kering anda secara merata.
b) Pukul mentega dan krim berat bersama-sama.
c) Masukkan bahan kering dan gaul lagi untuk sekata.
d) Mentega akan bertindak sebagai gam, melekat pada bahan kering dan mengubah campuran menjadi sekumpulan kelompok kecil. Campuran harus tahan bentuknya jika diramas rapat di tapak tangan anda. Jika ia tidak cukup lembap untuk berbuat demikian, cairkan 14 hingga 25 g (1 hingga 1½ sudu besar) mentega tambahan dan campurkan.

6. doh ibu

MENGHASILKAN KIRA-KIRA 850 G (2 PON)

BAHAN-BAHAN:
- 550 g tepung [3½ cawan]
- 12 g garam halal [1 sudu besar]
- 3.5 g yis kering aktif [½ paket atau 1⅛ sudu teh]
- 370 g air, pada suhu bilik [1¾ cawan]

Arah
a) Satukan untuk membuat doh

Pai KRIM

7. Mini Strawberi dan Pai Krim

Membuat: 2 Hidangan

BAHAN-BAHAN:
- 3 sudu besar krim, berat
- 1 putih telur, untuk memberus
- 1 Doh Pai
- 2 sudu besar badam
- 1 cawan strawberi, dihiris

ARAHAN:
a) Ratakan doh dan potong bulatan 3 inci.
b) Sapukan strawberi, badam dan krim di tengah-tengah doh.
c) Sapu tepi dengan putih telur dan sapukan dengan doh lagi.
d) Tekan tepi dengan garpu.
e) Goreng udara pada suhu 360 darjah selama 10 minit.

8. Pai Krim Coklat

Membuat: 7 Hidangan

BAHAN-BAHAN:
KERAK PIE PECAN (MENJADIKAN 1 KERAK PIE):
- 1 cawan tepung serba guna
- 1 cawan pecan dicincang halus
- 4 auns mentega cair

ISI KASTAD (MENJADIKAN 1 ISI PAI):
- 1 cawan susu penuh
- 1 cawan setengah setengah
- 1 cawan gula pasir
- ¼ cawan tepung jagung
- 3 biji kuning telur
- 1 biji telur keseluruhan
- 1 cawan Ghirardelli 60% cip coklat koko
- 1 sudu besar ekstrak vanila

ISI KRIM CHEESE:
- 1 cawan krim putar berat
- 8 auns keju krim
- 1 cawan gula tepung

TOPPING SEBAT:
- 2 cawan krim putar berat
- ½ cawan gula tepung

PERHIMPUNAN:
- Kerak pai yang disediakan dan disejukkan
- ¾ cawan isi krim keju
- Kastard yang telah disediakan dan disejukkan
- Topping disebat
- Anggaran 2 sudu besar Ghirardelli 60% cip coklat koko yang dicincang

ARAHAN:
UNTUK KERAK PAI PECAN
a) Satukan semua bahan dengan tangan anda.
b) Tekan ke dalam loyang pai dinding setinggi 9 inci. Pastikan untuk menekan sama rata ke seluruh plat pai dengan memberi

perhatian khusus kepada ketebalan sudut. Sepatutnya tiada keretakan.
c) Bakar kerak pada 375 darjah selama kira-kira 15 minit memeriksa kematangan pada 10 minit.
d) Sejukkan di atas rak pembakar selama sekurang-kurangnya 45 minit.

UNTUK PENGISIAN KASTAD

e) Menggunakan periuk, satukan susu dan separuh setengah. Panaskan dengan perlahan sehingga ia menjadi suam, berhati-hati agar susu tidak melecur.
f) Dalam mangkuk yang berasingan, pukul gula dan tepung jagung bersama-sama. Setelah sebati, masukkan kuning telur dan telur keseluruhan ke dalam adunan tepung jagung.
g) Masukkan susu panas/campuran separuh setengah ke dalam adunan telur.
h) Tuangkan **BAHAN-BAHAN YANG TELAH DISATUKAN:** ke dalam periuk yang sama, dan kembalikan kepada api dengan pukul sederhana sepanjang masa. JANGAN pergi – teruskan pukul.
i) Apabila adunan telah pekat hingga menjadi konsisten puding, keluarkan dari api. Masukkan vanila terakhir.
j) Letakkan cip coklat ke dalam bekas 2 liter. Ketuhar gelombang mikro pada selang 30 saat, kacau di antara selang, sehingga cair. Masukkan coklat cair ke dalam kastard sehingga sebati.
k) Tutup dengan bungkus plastik untuk mengelakkan kulit terbentuk. Sejukkan sekurang-kurangnya 45 minit sehingga sejuk.

ISI KRIM CHEESE:

l) Menggunakan pengadun berdiri, putar krim kental ke puncak tegar. Mengetepikan.
m) Menggunakan pengadun berdiri, campurkan keju krim sehingga lembut. Perlahan-lahan masukkan gula tepung ke dalam keju krim, dan gaul sehingga rata.
n) Masukkan krim putar ke dalam campuran keju krim. Gaul hingga sebati.

TOPPING SEBAT:

o) Menggunakan pengadun berdiri, pukul krim kental sehingga puncak sederhana.
p) Masukkan gula dan teruskan pukul sehingga stiff peak terbentuk. JANGAN terlalu sebat.

PERHIMPUNAN:

q) Sapukan krim keju secara rata di sepanjang bahagian bawah kerak pai.
r) Tutup isi krim keju dengan inti kastard yang disediakan dan disejukkan.
s) Tutup pai dengan topping yang disebat.
t) Taburkan dengan cip coklat cincang.

9. Pai Krim Pisang

Membuat: 7 Hidangan

BAHAN-BAHAN:
KERAK PIE PECAN (MENJADIKAN 1 KERAK PIE):
- 1 cawan tepung serba guna
- 1 cawan pecan dicincang halus
- 4 auns mentega cair

ISI KASTAD (MENJADIKAN 1 ISI PAI):
- 1 cawan susu penuh
- 1 cawan setengah setengah
- 1 cawan gula pasir
- ¼ cawan tepung jagung
- 3 biji kuning telur
- 1 biji telur keseluruhan
- 1 sudu besar ekstrak vanila

ISI KRIM CHEESE:
- 1 cawan krim putar berat
- 8 auns keju krim
- 1 cawan gula tepung

TOPPING SEBAT:
- 2 cawan krim putar berat
- ½ cawan gula tepung

PERHIMPUNAN:
- Kerak pai yang disediakan dan disejukkan
- ¾ cawan isi krim keju
- 2 biji pisang dihiris atas biase
- Kastard yang telah disediakan dan disejukkan
- Topping disebat
- Anggaran 2 sudu besar pecan cincang

ARAHAN:

KERAK PAI PECAN:
a) Satukan semua bahan dengan tangan anda.
b) Tekan ke dalam loyang pai dinding setinggi 9 inci. Pastikan untuk menekan sama rata ke seluruh plat pai dengan memberi perhatian khusus kepada ketebalan sudut. Sepatutnya tiada keretakan.
c) Bakar kerak pada 375 darjah selama kira-kira 15 minit memeriksa kematangan pada 10 minit.
d) Sejukkan di atas rak pembakar selama sekurang-kurangnya 45 minit.

PENGISIAN KASTAD:
e) Menggunakan periuk, satukan susu dan separuh setengah. Panaskan dengan perlahan sehingga ia menjadi suam, berhati-hati agar susu tidak melecur.
f) Dalam mangkuk yang berasingan, pukul gula dan tepung jagung bersama-sama. Setelah sebati, masukkan kuning telur dan telur keseluruhan ke dalam adunan tepung jagung.
g) Masukkan susu panas/campuran separuh setengah ke dalam adunan telur.
h) Tuangkan **BAHAN-BAHAN YANG TELAH DISATUKAN:** ke dalam periuk yang sama, dan kembalikan kepada api dengan pukul sederhana sepanjang masa. JANGAN pergi – teruskan pukul.
i) Apabila adunan telah pekat hingga menjadi konsisten puding, keluarkan dari api. Masukkan vanila terakhir.
j) Tutup dengan bungkus plastik untuk mengelakkan kulit terbentuk. Sejukkan sekurang-kurangnya 45 minit sehingga sejuk.

ISI KRIM CHEESE:
k) Menggunakan pengadun berdiri, putar krim kental ke puncak tegar. Mengetepikan.
l) Menggunakan pengadun berdiri, campurkan keju krim sehingga lembut. Perlahan-lahan masukkan gula tepung ke dalam keju krim, dan gaul sehingga rata.
m) Masukkan krim putar ke dalam campuran keju krim. Gaul sehingga sebati.

TOPPING SEBAT:

n) Menggunakan pengadun berdiri, pukul krim kental sehingga puncak sederhana.
o) Masukkan gula dan teruskan pukul sehingga stiff peak terbentuk. JANGAN terlalu sebat.

PERHIMPUNAN:

p) Sapukan krim keju secara rata di sepanjang bahagian bawah kerak pai.
q) Lapiskan pisang yang dipotong berat sebelah di atas isi krim keju.
r) Tutup pisang dengan isi kastard yang telah disediakan dan sejuk.
s) Tutup pai dengan topping disebat dan pecan cincang.

10. Pai aiskrim susu bijirin

MEMBUAT 1 (10-INCI) PIE; BERKHIDMAT 8 HINGGA 10

BAHAN-BAHAN:
- ½ hidangan Cornflake Crunch [180 g (2 cawan)]
- 25 g mentega, cair [2 sudu besar]
- 1 hidangan Aiskrim Susu Bijirin

Arah
a) Dengan menggunakan tangan anda, hancurkan gugusan serpihan jagung kepada separuh saiznya.
b) Masukkan mentega cair ke dalam serbuk cornflake yang telah hancur, gaul rata. Dengan menggunakan jari dan tapak tangan anda, tekan adunan dengan kuat ke dalam loyang pai 10 inci, pastikan bahagian bawah dan tepi loyang pai ditutup sama rata. Dibalut dengan plastik, kerak boleh dibekukan sehingga 2 minggu.
c) Gunakan spatula untuk menyebarkan aiskrim ke dalam kulit pai. Bekukan pai selama sekurang-kurangnya 3 jam, atau sehingga ais krim beku cukup keras supaya pai mudah dipotong dan dihidangkan. Dibalut dengan bungkus plastik, pai akan disimpan selama 2 minggu di dalam peti sejuk.

11. **PB dan J pai**

MEMBUAT 1 (10-INCI) PIE; BERKHIDMAT 8 HINGGA 10

BAHAN-BAHAN:
- 1 hidangan Ritz Crunch yang belum dibakar
- 1 hidangan Peanut Butter Nougat
- 1 hidangan Sorbet Anggur Concord
- ½ hidangan Sos Anggur Concord

Arah
a) Panaskan ketuhar hingga 275°F.
b) Tekan Ritz crunch ke dalam loyang pai 10 inci. Dengan menggunakan jari dan tapak tangan anda, tekan crunch dengan kuat, pastikan bahagian bawah dan tepinya rata dan sepenuhnya.
c) Letakkan loyang di atas loyang dan bakar selama 20 minit. Kerak Ritz sepatutnya berwarna perang keemasan sedikit dan lebih dalam dalam kebaikan mentega daripada rangup yang anda mulakan. Sejukkan kerak crunch Ritz sepenuhnya; dibalut dengan plastik, kerak boleh dibekukan sehingga 2 minggu.
d) Taburkan nougat mentega kacang di bahagian bawah kulit pai dan kemudian tekan perlahan-lahan ke bawah untuk membentuk lapisan rata. Bekukan lapisan ini selama 30 minit atau sehingga sejuk dan pejal. Cedok sorbet pada nougat dan ratakan ke dalam lapisan yang sama. Masukkan pai ke dalam peti sejuk sehingga sorbet padat, 30 minit hingga 1 jam.
e) Sudukan sos anggur Concord ke bahagian atas pai dan, bekerja dengan cepat, ratakan di atas sorbet.
f) Masukkan kembali pai ke dalam peti sejuk sehingga sedia untuk dihiris dan dihidangkan. Dibalut (perlahan-lahan) dalam plastik, pai boleh dibekukan sehingga 1 bulan.

12. Pai krim pisang

MEMBUAT 1 (10-INCI) PIE; BERKHIDMAT 8 HINGGA 10

BAHAN-BAHAN:
- 1 hidangan Krim Pisang
- 1 hidangan Kerak Coklat
- 1 pisang, baru masak, dihiris

krim pisang
- 225g pisang
- 75 g krim pekat [⅓ cawan]
- 55 g susu [¼ cawan]
- 100 g gula [½ cawan]
- 25 g tepung jagung [2 sudu besar]
- 2 g garam halal [½ sudu teh]
- 3 biji kuning telur
- 2 helai gelatin
- 40 g mentega [3 sudu besar]
- 25 titik pewarna makanan kuning [½ sudu teh]
- 160 g krim pekat [¾ cawan]
- 160 g gula manisan [1 cawan]

Arah
a) Tuang separuh krim pisang ke dalam kulit pai. Tutupnya dengan lapisan hirisan pisang, kemudian tutup pisang dengan baki krim pisang. Pai hendaklah disimpan di dalam peti sejuk dan dimakan dalam masa sehari selepas anda membuatnya.
b) Satukan pisang, krim, dan susu dalam pengisar dan puri sehingga benar-benar licin.
c) Masukkan gula, tepung jagung, garam, dan kuning dan teruskan kisar sehingga homogen. Tuang adunan ke dalam periuk sederhana. Bersihkan tong pengisar.
d) Kembangkan gelatin.
e) Pukul isi kuali dan panaskan dengan api sederhana-perlahan. Apabila bancuhan pisang panas, ia akan menjadi pekat. Didihkan dan kemudian teruskan pukul dengan kuat selama 2 minit untuk masak sepenuhnya kanji. Campuran akan

menyerupai gam tebal, bersempadan dengan simen, dengan warna yang sepadan.

f) Buang kandungan kuali ke dalam pengisar. Masukkan gelatin dan mentega yang telah kembang dan gaul sehingga adunan sebati dan sekata. Warnakan adunan dengan pewarna makanan kuning sehingga menjadi kuning kartun-pisang yang terang.

g) Pindahkan bancuhan pisang ke dalam bekas panas--yang selamat, dan masukkan ke dalam peti ais selama 30 hingga 60 minit-selagi masa yang diperlukan untuk menyejukkan sepenuhnya.

h) Dengan menggunakan pemukul atau pengadun dengan lampiran pemukul, pukul krim dan gula gula ke puncak sederhana lembut.

i) Masukkan bancuhan pisang sejuk ke dalam krim putar dan pukul perlahan-lahan sehingga berwarna sekata dan sekata. Disimpan dalam bekas kedap udara, krim pisang kekal segar sehingga 5 hari di dalam peti sejuk.

13. pai brownies

MEMBUAT 1 (10-INCI) PIE; BERKHIDMAT 8 HINGGA 10

BAHAN-BAHAN:
- ¾ hidangan Graham Crust [255 g (1½ cawan)]
- 125 g coklat 72% [4½ auns]
- 85 g mentega [6 sudu besar]
- 2 biji telur
- 150 g gula [¾ cawan]
- 40 g tepung [¼ cawan]
- 25 g serbuk koko
- 2 g garam halal [½ sudu teh]
- 110 g krim pekat [½ cawan]

Arah

a) Panaskan ketuhar hingga 350°F.
b) Buang 210 g (1¼ cawan) kerak graham ke dalam tin pai 10 inci dan tetapkan baki 45 g (¼ cawan) ke tepi. Dengan jari dan tapak tangan anda, tekan kerak dengan kuat ke dalam tin pai, menutup bahagian bawah dan sisi kuali sepenuhnya. Dibalut dengan plastik, kerak boleh disejukkan atau dibekukan sehingga 2 minggu.
c) Satukan coklat dan mentega dalam mangkuk selamat gelombang mikro dan cairkannya bersama-sama perlahan-lahan selama 30 hingga 50 saat. Gunakan spatula kalis haba untuk mengacaunya, bekerja sehingga adunan berkilat dan licin.
d) Satukan telur dan gula dalam mangkuk pengadun berdiri yang dipasang dengan alat pemukul dan pukul bersama-sama dengan tinggi selama 3 hingga 4 minit, sehingga adunan menjadi gebu dan kuning pucat dan telah mencapai keadaan reben. (Keluarkan pukul anda, celupkan ke dalam telur yang disebat, dan goyangkannya ke depan dan ke belakang seperti bandul: campuran harus membentuk reben tebal dan sutera yang jatuh dan kemudian hilang ke dalam adunan.) Jika adunan tidak membentuk reben, teruskan sebat tinggi-tinggi mengikut keperluan.

e) Gantikan whisk dengan lampiran dayung. Buang adunan coklat ke dalam telur dan gaul sekejap pada perlahan, kemudian tingkatkan kelajuan ke sederhana dan kayuh adunan selama 1 minit, atau sehingga ia berwarna perang dan homogen sepenuhnya. Jika terdapat sebarang jalur coklat gelap, dayung selama beberapa saat lebih lama, atau mengikut keperluan. Kikis bahagian tepi mangkuk.
f) Masukkan tepung, serbuk koko, dan garam dan dayung pada kelajuan rendah selama 45 hingga 60 saat. Tidak boleh ada gumpalan bahan kering. Jika ada ketulan, campurkan selama 30 saat tambahan. Kikis bahagian tepi mangkuk.
g) Alirkan krim kental pada kelajuan rendah, gaul selama 30 hingga 45 saat, hanya sehingga adunan menjadi longgar sedikit dan jalur putih krim bercampur sepenuhnya. Kikis bahagian tepi mangkuk.
h) Tanggalkan dayung dan keluarkan mangkuk dari pengadun. Lipat perlahan-lahan ke dalam kerak graham 45 g (¼ cawan) dengan spatula.
i) Ambil kuali dan letakkan pai kerak graham anda di atasnya. Dengan spatula, kikis adunan brownies ke dalam kulit graham. Bakar selama 25 minit. Pai hendaklah mengembang sedikit di bahagian tepi dan membentuk kerak manis di atasnya. Jika pai brownies masih cair di tengah dan belum membentuk kerak, bakar selama 5 minit atau lebih.
j) Sejukkan pai di atas redai. (Anda boleh mempercepatkan proses penyejukan dengan berhati-hati memindahkan pai ke peti sejuk atau peti sejuk beku terus keluar dari ketuhar jika anda tergesa-gesa.) Dibalut dengan plastik, pai akan kekal segar di dalam peti sejuk sehingga 1 minggu atau dalam peti sejuk sehingga 2 minggu.

14. Pai belalang

MEMBUAT 1 (10-INCI) PIE; BERKHIDMAT 8 HINGGA 10

BAHAN-BAHAN:
- 1 hidangan Brownie Pie, disediakan melalui langkah 8
- 1 hidangan Isi Kek Cheese Mint
- 20 g cip coklat mini [2 sudu besar]
- 25 g marshmallow mini [½ cawan]
- 1 hidangan Mint Glaze, suam

Arah
a) Panaskan ketuhar hingga 350°F.
b) Ambil kuali dan letakkan pai kerak graham anda di atasnya. Tuangkan inti kek keju pudina ke dalam kulit. Tuang adunan brownies di atasnya. Gunakan hujung pisau untuk memusingkan adunan dan inti pudina, mengusik coretan inti pudina supaya ia kelihatan melalui adunan brownies.
c) Taburkan cip coklat mini ke dalam cincin kecil di tengah-tengah pai, biarkan bahagian tengah mata kosong. Taburkan marshmallow mini ke dalam cincin di sekeliling cincin cip coklat.
d) Bakar pai selama 25 minit. Ia harus mengembang sedikit di tepi tetapi masih bergoyang di tengah. Cip coklat mini akan kelihatan seperti mula cair, dan marshmallow mini harus disamak sama rata. Biarkan pai di dalam ketuhar selama 3 hingga 4 minit tambahan jika ini tidak berlaku.
e) Sejukkan pai sepenuhnya sebelum menghabiskannya.
f) Pastikan sayu anda masih hangat untuk disentuh. Celupkan bahagian garpu ke dalam sayu hangat, kemudian gantung garpu kira-kira 1 inci di atas bahagian tengah pai.
g) Pindahkan pai ke peti sejuk supaya sayu pudina padat sebelum dihidangkan—yang akan berlaku sebaik sahaja ia sejuk, kira-kira 15 minit. Dibalut dengan plastik, pai akan kekal segar di dalam peti sejuk sehingga 1 minggu atau di dalam peti sejuk sehingga 2 minggu.

15. Pai berambut perang

MEMBUAT 1 (10-INCI) PIE; BERKHIDMAT 8 HINGGA 10

BAHAN-BAHAN:
- ¾ menghidangkan Graham Crust
- [255 g (1½ cawan)]
- 1 hidangan Isi Blondie Pie
- 1 hidangan Gajus Praline

UNTUK PENGISIAN
- 160 g coklat putih [5½ auns]
- 55 g mentega [4 sudu besar (½ batang)]
- 2 biji kuning telur
- 40 g gula [3 sudu besar]
- 105 g krim pekat [½ cawan]
- 52 g tepung [⅓ cawan]
- ½ hidangan Gajus Brittle
- 4 g garam halal [1 sudu teh]

Arah

a) Satukan coklat putih dan mentega dalam mangkuk selamat gelombang mikro dan cairkannya perlahan-lahan pada sederhana, dalam kenaikan 30 saat, kacau antara letupan. Setelah cair, pukul adunan hingga rata.

b) Masukkan kuning telur dan gula ke dalam mangkuk sederhana dan pukul hingga rata. Tuangkan adunan coklat putih dan pukul hingga sebati. Tuangkan krim kental perlahan-lahan dan pukul hingga sebati.

c) Kacau tepung, gajus rapuh, dan garam bersama-sama dalam mangkuk kecil, kemudian lipat dengan teliti ke dalam inti. Gunakan segera, atau simpan dalam bekas kedap udara di dalam peti sejuk sehingga 2 minggu.

UNTUK PENGISIAN

d) Panaskan ketuhar hingga 325°F.

e) Buang kerak graham ke dalam loyang pai 10 inci. Dengan jari dan tapak tangan anda, tekan kerak dengan kuat ke dalam tin pai, tutup bahagian bawah dan tepi dengan sama rata. Ketepikan sementara anda membuat inti. Dibalut dengan

plastik, kerak boleh disejukkan atau dibekukan sehingga 2 minggu.
f) Letakkan tin pai di atas kuali dan tuangkan inti pai blondie. Bakar pai selama 30 minit. Ia akan ditetapkan sedikit di tengah dan berwarna gelap. Tambah 3 hingga 5 minit jika tidak begitu. Biarkan sejuk pada suhu bilik.
g) Sebelum dihidangkan, tutup bahagian atas pai dengan praline gajus.

16. Pai gula-gula

MEMBUAT 1 (10-INCI) PIE; BERKHIDMAT 8

BAHAN-BAHAN:
- 1 hidangan Karamel Masin, cair
- 1 hidangan Kerak Coklat, disejukkan
- 8 pretzel mini
- 1 hidangan Peanut Butter Nougat
- 45 g coklat 55% [1½ auns]
- 45 g coklat putih [1½ auns]
- 20 g minyak biji anggur [2 sudu besar]

Arah

a) Tuangkan karamel masin ke dalam kerak. Kembalikan ke dalam peti sejuk untuk ditetapkan selama sekurang-kurangnya 4 jam, atau semalaman.

b) Panaskan ketuhar hingga 300°F.

c) Sapukan pretzel di atas kuali dan bakar selama 20 minit. Ketepikan untuk sejuk.

d) Ambil pai dari peti sejuk dan tutup muka karamel yang mengeras dengan nougat. Gunakan tapak tangan anda untuk menekan dan melicinkan nougat ke dalam lapisan yang sekata. Kembalikan pai ke dalam peti sejuk dan biarkan nougat mengeras selama 1 jam.

e) Buat sayu coklat dengan menggabungkan coklat dan minyak dalam mangkuk selamat gelombang mikro dan cairkannya perlahan-lahan pada sederhana dalam kenaikan 30 saat, kacau antara letupan. Setelah coklat cair, pukul adunan hingga licin dan berkilat. Gunakan sayu pada hari yang sama, atau simpan dalam bekas kedap udara pada suhu bilik sehingga 3 minggu.

f) Selesaikan pai itu: Keluarkan ia dari peti sejuk dan, menggunakan berus pastri, cat lapisan nipis sayu coklat di atas nougat, menutupnya sepenuhnya. (Jika sayu telah mengeras, panaskan perlahan-lahan supaya mudah untuk melukis pada pai.) Susun pretzel secara rata di sekeliling tepi pai. Gunakan berus pastri untuk melukis sayu coklat yang tinggal dalam lapisan nipis di atas pretzel, menutup kesegaran dan rasanya.

g) Letakkan pai di dalam peti sejuk selama sekurang-kurangnya 15 minit untuk menetapkan coklat. Dibalut dengan plastik, pai akan kekal segar di dalam peti sejuk selama 3 minggu atau di dalam peti sejuk sehingga 2 bulan; nyahbeku sebelum dihidangkan.

a) Potong pai kepada 8 kepingan, menggunakan pretzel sebagai panduan anda: setiap keping harus mempunyai pretzel keseluruhan di atasnya.

17. Lemon meringue–pistachio pai

MEMBUAT 1 (10-INCI) PIE; BERKHIDMAT 8 HINGGA 10

BAHAN-BAHAN:
- 1 hidangan Pistachio Crunch
- 15 g coklat putih, dicairkan [½ auns]
- ¼ hidangan Lemon Dadih [305 g (1⅓ cawan)]
- 200 g gula [1 cawan]
- 100 g air [½ cawan]
- 3 biji putih telur
- ⅓ hidangan Dadih Lemon [155 g (¼ cawan)]

Arah

a) Tuangkan rangup pistachio ke dalam loyang pai 10 inci. Dengan jari dan tapak tangan anda, tekan rangup dengan kuat ke dalam loyang pai, pastikan bahagian bawah dan tepinya sama rata. Ketepikan semasa anda membuat inti; dibalut dengan plastik, kerak boleh disejukkan, sehingga 2 minggu.

b) Menggunakan berus pastri, cat lapisan nipis coklat putih ke bahagian bawah dan bahagian atas kerak. Masukkan kerak di dalam peti sejuk selama 10 minit untuk menetapkan coklat.

c) Masukkan 305 g (1⅓ cawan) dadih lemon ke dalam mangkuk kecil dan kacau untuk melonggarkannya sedikit. Kikis dadih limau ke dalam kerak dan gunakan bahagian belakang sudu atau spatula untuk meratakannya. Letakkan pai di dalam peti sejuk selama kira-kira 10 minit untuk membantu menetapkan lapisan dadih lemon.

d) Sementara itu, satukan gula dan air dalam periuk kecil berdasar berat dan perlahan-lahan slush gula di dalam air sehingga ia berasa seperti pasir basah. Letakkan periuk di atas api sederhana dan panaskan campuran sehingga 115°C (239°F), ikuti suhu dengan termometer bacaan segera atau gula-gula.

e) Semasa gula dipanaskan, masukkan putih telur ke dalam mangkuk pengadun berdiri dan, dengan lampiran pemukul, mula menyebatnya ke puncak sederhana lembut.

f) Setelah sirap gula mencecah 115°C (239°F), keluarkannya dari api dan tuangkan dengan teliti ke dalam putih telur sebat, pastikan untuk mengelakkan pukulan: matikan pengadun pada kelajuan yang sangat rendah sebelum anda melakukan ini, melainkan anda mahukan kesan melecur yang menarik di muka anda.

g) Setelah semua gula berjaya dimasukkan ke dalam putih telur, putarkan kelajuan pengadun semula dan biarkan meringue memecut sehingga ia sejuk ke suhu bilik.

h) Semasa meringue disebat, masukkan 155 g (¼ cawan) dadih lemon ke dalam mangkuk besar dan kacau, menggunakan spatula, untuk melonggarkan sedikit.

i) Apabila meringue telah sejuk ke suhu bilik, matikan pengadun, keluarkan mangkuk, dan lipat meringue ke dalam dadih lemon dengan spatula sehingga tiada coretan putih kekal, berhati-hati agar tidak mengempiskan meringue.

j) Keluarkan pai dari peti sejuk dan cedok meringue lemon di atas dadih lemon. Dengan menggunakan sudu, sapukan meringue dalam lapisan yang rata, menutupi dadih lemon sepenuhnya.

k) Hidangkan, atau simpan pai di dalam peti sejuk sehingga sedia untuk digunakan. Dibalut rapat dengan bungkus plastik setelah beku keras, ia akan disimpan di dalam peti sejuk sehingga 3 minggu. Biarkan pai dicairkan semalaman di dalam peti sejuk atau sekurang-kurangnya 3 jam pada suhu bilik sebelum dihidangkan.

18. pai retak

MEMBUAT 2 (10-INCI) pai; SETIAP KHIDMAT 8 HINGGA 10

BAHAN-BAHAN:
- 1 hidangan Kuki Oat
- 15 g gula perang ringan [1 sudu besar padat]
- 1 g garam [¼ sudu teh]
- 55 g mentega, cair, atau mengikut keperluan [4 sudu besar (½ batang)]
- 1 hidangan Isi Crack Pie
- gula kuih-muih, untuk habuk

UNTUK PENGISIAN
- 300 g gula pasir [1½ cawan]
- 180 g gula perang ringan [¾ cawan padat]
- 20 g susu tepung [¼ cawan]
- 24 g serbuk jagung [¼ cawan]
- 6 g garam halal [1½ sudu teh]
- 225 g mentega, cair [16 sudu besar (2 batang)]
- 160 g krim pekat [¾ cawan]
- 2 g ekstrak vanila [½ sudu teh]
- 8 biji kuning telur

Arah
a) Panaskan ketuhar hingga 350°F.
b) Masukkan biskut oat, gula perang dan garam dalam pemproses makanan dan putarkannya ke atas dan ke atas sehingga biskut dipecah menjadi pasir basah. (Jika anda tidak mempunyai pemproses makanan, anda boleh memalsukannya sehingga anda membuatnya dan menghancurkan biskut oat dengan tekun dengan tangan anda.)
c) Pindahkan serbuk ke dalam mangkuk, tambah mentega, dan uli mentega dan adunan biskut tanah sehingga cukup lembap untuk membentuk bola. Jika ia tidak cukup lembap untuk berbuat demikian, cairkan 14 hingga 25 g (1 hingga 1½ sudu besar) mentega tambahan dan uli.
d) Bahagikan kerak oat sama rata antara 2 (10 inci) tin pai. Dengan menggunakan jari dan tapak tangan anda, tekan kerak biskut oat dengan kuat ke dalam setiap tin pai, pastikan bahagian

bawah dan tepi tin ditutup sama rata. Gunakan kulit pai dengan segera, atau bungkus dengan baik dalam plastik dan simpan pada suhu bilik sehingga 5 hari atau dalam peti sejuk sehingga 2 minggu.

e) Letakkan kedua-dua kulit pai pada kuali lembaran. Bahagikan pengisian pai retak sama rata antara kerak; pengisian harus mengisi mereka tiga perempat daripada cara penuh. Bakar selama 15 minit sahaja. Pai harus berwarna perang keemasan di atasnya tetapi masih akan menjadi sangat bergoyang.

f) Buka pintu ketuhar dan kurangkan suhu ketuhar kepada 325°F. Bergantung pada ketuhar anda, ketuhar mungkin mengambil masa 5 minit atau lebih lama untuk menyejukkan ke suhu baharu. Simpan pai di dalam ketuhar semasa proses ini. Apabila ketuhar mencapai 325°F, tutup pintu dan bakar pai selama 5 minit lebih lama. Pai masih harus bergoyang-goyang di tengah mata lembu tetapi tidak di sekeliling tepi luar. Jika inti masih terlalu bergoyang, biarkan pai di dalam ketuhar selama 5 minit tambahan atau lebih.

g) Keluarkan kuali pai retak perlahan-lahan dari ketuhar dan pindahkan ke rak untuk menyejukkan ke suhu bilik. (Anda boleh mempercepatkan proses penyejukan dengan memindahkan pai ke peti sejuk atau peti sejuk dengan berhati-hati jika anda tergesa-gesa.) Kemudian bekukan pai anda selama sekurang-kurangnya 3 jam, atau semalaman, untuk memekatkan inti untuk produk akhir yang padat— pembekuan ialah teknik tandatangan dan hasil daripada pai retak yang dilaksanakan dengan sempurna.

h) Jika tidak menghidangkan pai dengan segera, bungkus dengan baik dalam bungkus plastik. Di dalam peti sejuk, mereka akan kekal segar selama 5 hari; dalam peti ais, mereka akan simpan selama 1 bulan. Pindahkan pai dari peti sejuk ke peti sejuk untuk mencairkan beku sekurang-kurangnya 1 jam sebelum anda bersedia untuk masuk ke sana.

i) Hidangkan pai crack anda sejuk! Hiaskan pai anda dengan gula kuih-muih, sama ada menyalurkannya melalui ayak halus atau mencubit dengan jari anda.

UNTUK PENGISIAN

j) Satukan gula, gula perang, susu tepung, serbuk jagung, dan garam dalam mangkuk pengadun berdiri yang dipasang dengan lampiran dayung dan gaul pada kelajuan rendah sehingga sebati.

k) Masukkan mentega cair dan dayung selama 2 hingga 3 minit sehingga semua bahan kering lembab.

l) Masukkan krim kental dan vanila dan teruskan mengadun dengan perlahan selama 2 hingga 3 minit sehingga sebarang jalur putih dari krim telah hilang sepenuhnya ke dalam adunan. Kikis bahagian tepi mangkuk dengan spatula.

m) Tambah kuning telur, kayuh mereka ke dalam campuran hanya untuk menggabungkan; berhati-hati agar tidak mengudarakan campuran, tetapi pastikan campuran itu berkilat dan homogen. Gaul pada kelajuan rendah sehingga menjadi.

n) Gunakan inti dengan segera, atau simpan dalam bekas kedap udara di dalam peti sejuk sehingga 1 minggu.

19. Pai aiskrim susu bijirin jagung manis

MEMBUAT 1 (10–INCI) PIE; BERKHIDMAT 8 HINGGA 10

BAHAN-BAHAN:
- 225 g Kuki Jagung [kira-kira 3 kuki]
- 25 g mentega, cair atau mengikut keperluan [2 sudu besar]
- 1 hidangan Susu Bijirin Jagung Manis Isi "Ais Krim".

Arah

a) Masukkan biskut jagung ke dalam pemproses makanan dan putarkannya ke atas dan ke atas sehingga biskut hancur menjadi pasir kuning terang.

b) Dalam mangkuk, uli mentega dan adunan biskut yang dikisar dengan tangan sehingga ia cukup lembap untuk membentuk bebola. Jika ia tidak cukup lembap untuk berbuat demikian, cairkan 14 g (1 sudu besar) mentega tambahan dan uli.

c) Dengan menggunakan jari dan tapak tangan anda, tekan kerak biskut jagung dengan kuat ke dalam pinggan pai 10 inci. Pastikan bahagian bawah dan dinding pinggan pai ditutup sama rata. Dibalut dengan plastik, kerak boleh dibekukan sehingga 2 minggu.

d) Gunakan spatula untuk mengikis dan menyebarkan isian "aiskrim" susu bijirin ke dalam kulit pai. Ketuk pai yang telah diisi pada permukaan kaunter sehingga intinya sekata.

e) Bekukan pai selama sekurang-kurangnya 3 jam, atau sehingga "ais krim" dibekukan dan ditetapkan cukup keras untuk dipotong dan dihidangkan. Jika anda menyimpan kepingan syurga anda untuk kemudian hari, anda boleh membekukan pai ais krim, dibalut dengan plastik, sehingga 2 minggu.

20. Ricotta Pie berkrim

Membuat: 6

- **BAHAN-BAHAN:**
- 1 kerak pai yang dibeli di kedai
- 1 ½ paun keju ricotta
- ½ cawan keju mascarpone
- 4 biji telur dipukul
- ½ cawan gula putih
- 1 Sudu besar brendi

ARAHAN:
a) Panaskan ketuhar hingga 350 darjah Fahrenheit.
b) Satukan semua **BAHAN INTI:** dalam mangkuk adunan. Kemudian tuang adunan ke dalam kerak.
c) Panaskan ketuhar hingga 350°F dan bakar selama 45 minit.
d) Sejukkan pai selama sekurang-kurangnya 1 jam sebelum dihidangkan.

21. Gajus–Pai Krim Pisang

Membuat 8 hidangan

BAHAN-BAHAN:
- 1 1/2 cawan serbuk biskut vanila vegan
- 1/4 cawan marjerin vegan, cair
- 1/2 cawan gajus mentah tanpa garam
- 1 tin (13 auns) santan tanpa gula
- 2/3 cawan gula
- pisang masak
- 1 sudu besar kepingan agar-agar
- 1 sudu teh ekstrak vanila tulen
- 1 sudu teh perahan kelapa (pilihan)
- Krim Sebat Vegan, buatan sendiri atau yang dibeli di kedai, dan kelapa bakar, untuk hiasan

ARAHAN:

a) Minyakkan sedikit bahagian bawah dan tepi loyang bentuk springform 8 inci atau pinggan pai dan ketepikan. Dalam pemproses makanan, satukan serbuk biskut dan marjerin dan nadi sehingga serbuk itu dibasahkan. Tekan adunan serbuk ke bahagian bawah dan tepi kuali yang disediakan. Sejukkan sehingga diperlukan.

b) Dalam pengisar berkelajuan tinggi, kisar gajus hingga menjadi serbuk. Masukkan santan, gula, dan salah satu pisang dan gaul hingga rata. Kikis adunan ke dalam periuk, masukkan kepingan agar-agar, dan ketepikan selama 10 minit untuk melembutkan agar-agar. Biarkan sehingga mendidih, dan kemudian kecilkan api ke rendah dan reneh, kacau sentiasa untuk membubarkan agar-agar, kira-kira 3 minit. Keluarkan dari api dan kacau dalam jus lemon, vanila, dan ekstrak kelapa, jika menggunakan. Mengetepikan.

c) Potong baki 2 pisang menjadi kepingan 1⁄4 inci dan susun rata di bahagian bawah yang telah disediakan

d) kuali. Sapukan bancuhan gajus-pisang ke dalam kuali, kemudian sejukkan sehingga sejuk. Apabila sedia untuk dihidangkan, hiaskan dengan krim putar dan kelapa bakar. Simpan sisa bertutup di dalam peti sejuk.

22. Mentega Kacang–Pai Aiskrim

Membuat 8 hidangan

BAHAN-BAHAN:
- 1 1/2 cawan serbuk biskut coklat vegan
- 1/4 cawan marjerin vegan, cair
- 1 liter aiskrim vanila vegan, dilembutkan
- 2 cawan mentega kacang berkrim
- Keriting coklat vegan, untuk hiasan

ARAHAN:

a) Minyakkan sedikit bahagian bawah dan tepi kuali bentuk spring 9 inci dan ketepikan. Dalam pemproses makanan, satukan serbuk biskut dan marjerin dan proses sehingga serbuk itu dibasahkan. Tekan adunan serbuk ke dalam loyang yang disediakan dan tekan ke bahagian bawah dan tepi loyang. Sejukkan sehingga diperlukan.

b) Dalam pemproses makanan, satukan ais krim dan mentega kacang, gaul sehingga sebati. Ratakan adunan ke dalam kerak yang disediakan.

c) Bekukan selama 3 jam atau semalaman. Bawa pai ke suhu bilik selama 5 minit dan berhati-hati keluarkan sisi kuali springform. Taburkan kerinting coklat di atas pai dan hidangkan.

23. B oston pai krim

Membuat: 1 hidangan

BAHAN-BAHAN:
- 1 cawan Susu
- ½ cawan gula pasir
- 3 sudu besar Tepung
- ⅛ sudu teh Garam
- 2 biji kuning telur
- 1½ sudu teh Vanila
- 2 lapisan 8 inci Boston Favorite
- Kek (lihat MM #3607)
- Gula manisan

ARAHAN:
a) Panaskan susu dalam kuali sehingga sangat panas, kemudian masukkan gula pasir, tepung dan garam dengan cepat. Masak di atas api sederhana, kacau sentiasa, sehingga sangat pekat.

b) Masukkan kuning telur dan masak, teruskan kacau, selama 4-5 minit lagi. Keluarkan dari haba, tambah vanila, dan sejuk, kacau sekali-sekala. Tutup dengan baik dan sejukkan sehingga sedia untuk digunakan.

c) Sapukan kastard di antara lapisan kek dan taburkan bahagian atas kek dengan gula gula. Simpan dalam peti ais.

Pai TANGAN

24. Pai tangan S'mores

Membuat: 8 pai tangan

BAHAN-BAHAN:
- 1 pkg. (2 kerak) piecrust yang belum dimasak dalam peti sejuk
- 2 sudu besar. ditambah 2 sudu kecil. mentega, cair
- 1 cawan taburan marshmallow
- 4 biji keropok graham double, hancur
- 1 cawan cip coklat separuh manis
- 1 biji telur besar, dipukul sedikit

ARAHAN:
a) Panaskan ketuhar hingga 340°F (171°C).
b) Lapik dua helai baking paper dan ketepikan.
c) Letakkan piecrust di atas permukaan kerja yang ditaburkan tepung dan gulungkan sedikit menggunakan rolling pin. Menggunakan mangkuk kecil yang terbalik dengan 6 inci. (15cm) diameter, tekan ke dalam doh untuk memotong 8 bulatan. Sapu setiap bulatan dengan 1 sudu teh mentega.
d) Letakkan 2 sudu besar marshmallow pada setiap bulatan. Edarkan serbuk keropok graham secara sama rata pada separuh daripada kesemua 8 bulatan, tinggalkan rim ½ inci (1.25cm). Teratas setiap satu dengan cip coklat separa manis.
e) Menggunakan berus pastri, cat tepi bulatan dengan telur. Lipat bulatan dan tekan untuk mengelak. Menggunakan garpu, buat lekukan di sekeliling kerak. Dengan pisau tajam, buat lubang untuk wap.
f) Bakar selama 12 hingga 14 minit atau sehingga perang keemasan. Biarkan sejuk sedikit sebelum dihidangkan.
g) Penyimpanan: Simpan dalam bekas kedap udara pada suhu bilik sehingga 3 hari.

25. Pai Tangan Blueberry

Membuat: 8

BAHAN-BAHAN:
- 1 cawan beri biru
- 2½ sudu besar gula halus
- 1 sudu teh jus lemon
- 1 secubit garam
- 320g kerak pai yang disejukkan
- air

ARAHAN:
a) Satukan beri biru, gula, jus lemon, dan garam dalam mangkuk adunan sederhana.
b) Gulungkan piecrust dan potong 6-8 bulatan berasingan.
c) Di tengah-tengah setiap bulatan, letakkan kira-kira 1 sudu inti blueberry.
d) Basahkan tepi doh dan lipat di atas inti untuk membentuk bentuk separuh bulan.
e) Kelim perlahan-lahan tepi piecrust bersama-sama dengan garpu. Kemudian, di bahagian atas pai tangan, potong tiga celah.
f) Sembur minyak masak ke atas pai tangan.
g) Letakkannya di atas SearPlate.
h) Hidupkan Ketuhar Penggoreng Udara dan putar tombol untuk memilih "Bakar".
i) Pilih pemasa selama 20 minit dan suhu untuk 350 °F.
j) Apabila unit berbunyi bip menandakan ia telah dipanaskan terlebih dahulu, buka pintu ketuhar dan masukkan SearPlate ke dalam ketuhar.
k) Biarkan sejuk selama dua minit sebelum dihidangkan.

26. pai tangan strawberi

Membuat: 1 hidangan

BAHAN-BAHAN:
- 1 batang mentega
- 1¼ cawan Gula
- 1 biji telur
- 3 auns krim keju
- 2 sudu kecil Buttermilk
- 3 cawan tepung serba guna
- ¼ sudu teh Baking soda
- 1 sudu teh serbuk penaik
- ½ sudu teh Garam
- 1 cawan awetan strawberi
- 2 cawan strawberi segar yang dipotong dadu
- 1 sudu teh jus lemon
- 2 sudu kecil perahan lemon

ARAHAN:
a) Untuk membuat doh, krim bersama mentega dan gula dengan pengadun elektrik. Masukkan telur dan krim keju, gaul rata.
b) Masukkan buttermilk dan gaul hingga sebati. Campurkan tepung perlahan-lahan untuk membentuk doh. Masukkan soda penaik, serbuk penaik, dan garam. Gaul rata dan kemudian uli doh dengan tangan, membentuk bebola.
c) Sejukkan doh selama 1 jam. Untuk membuat pai, canai doh dan potong enam bulatan 6". Sediakan inti dengan menggabungkan pengawet strawberi, strawberi segar, jus lemon dan kulit limau. Sudukan 3 sudu besar inti pada satu sisi setiap bulatan doh. Lipat bersihkan bahagian atas dan tekan tepi bersama-sama dengan garpu.
d) Bakar pada suhu 375 darjah selama 20 minit, sehingga kekuningan.

27. Pai Tangan Epal

Membuat: 8-10 pai tangan

BAHAN-BAHAN:
- 2 cawan tepung serba guna
- 1 sudu teh garam
- 1 sudu besar gula
- 3/4 batang (3/4 cawan) pemendekan sayuran, dipotong dadu
- 4 hingga 8 sudu besar air sejuk ais

UNTUK PENGISIAN
- 2 biji epal pembakar besar, dikupas, dibuang inti dan dipotong dadu
- 3 sudu besar gula pasir
- 3 sudu besar gula perang ringan
- 1 1/2 sudu teh rempah pai epal
- 1 sudu teh tepung serba guna

UNTUK TOPPING
- 1 biji telur besar
- 1 sudu teh air
- gula berkilau, pilihan

ARAHAN
UNTUK KERAK
a) Dalam mangkuk besar, pukul bersama tepung, garam dan gula.
b) Potong shortening ke dalam adunan tepung menggunakan pengisar pastri atau dua pisau.
c) Kacau dengan air secukupnya dengan garfu sehingga doh melekat.
d) Bentukkan doh menjadi bebola dan leperkan menjadi cakera bulat. Untuk memudahkan menggulung, bungkus doh dalam bungkus plastik. Sejukkan selama 30 minit atau sehingga 2 hari.
e) Setelah doh disejukkan dan anda sudah bersedia untuk memasang pai, panaskan ketuhar hingga 400°F, lapikkan loyang dengan kertas minyak, dan sediakan inti.

UNTUK PENGISIAN
f) Dalam mangkuk sederhana, toskan epal dengan gula, rempah pai epal dan tepung.

HIMPUNKAN PIES

g) Keluarkan doh dari peti sejuk dan keluarkan dari bungkus plastik.
h) Di atas permukaan kerja yang ditaburkan dengan banyak tepung, canai doh sehingga kira-kira 1/8 inci tebal.
i) Gunakan pemotong biskut bulat 5 inci untuk memotong doh menjadi bulatan. Gulung semula doh mengikut keperluan untuk membuat 8-10 bulatan.
j) Tambah satu sudu besar inti ke tengah setiap bulatan doh, meninggalkan sebanyak mungkin cecair.
k) Lipat bulatan doh separuh dan gunakan jari atau garpu untuk menutup dan mengelimkan tepi.
l) Letakkan pai tangan pada lembaran pembakar yang disediakan.
m) Dalam mangkuk kecil, pukul bersama telur dan air.
n) Gunakan hujung pisau tajam untuk memotong 2 celah kecil ke bahagian atas setiap pai.
o) Gunakan berus pastri untuk menyapu bahagian atas pai tangan dengan perlahan dengan cucian telur. Jika mahu, tambahkan dengan gula berkilauan.
p) Bakar dalam yang telah dipanaskan selama 20-25 minit atau sehingga perang keemasan.
q) Benarkan pai tangan sejuk. Jika mahu, hidangkan bersama sos karamel masin buatan sendiri.

PAI BUAH-BUAHAN

28. Pai Limau Utama

Membuat: 8-10

BAHAN-BAHAN:
KERAK:
- 2 cawan kacang macadamia
- 2 cawan pecan
- 2 secubit garam
- 2-3 Sudu besar pes kurma

PENGISIAN
- 1 cawan jus limau nipis
- 1 sudu teh makanan hijau (pilihan)
- 1 cawan sukatan alpukat-basah
- 1 ½ cawan santan
- 1 cawan nektar agave
- 3 Sudu besar garam lecithin dan vanila secukup rasa
- 1 cawan kelapa tanpa wangi o il

TOPPING MERINGUE
- 1 oz. (¼ cawan pek) direndam dan dicuci Lumut Laut
- ½ cawan air
- 2 cawan santan
- ½ cawan daging kelapa
- ½ cawan gajus yang direndam
- 6 Sudu besar agave
- garam dan vanila secukup rasa
- 1 ½ sudu besar lesitin
- 1 cawan minyak kelapa (tanpa pewangi)

ARAHAN:
KERAK:
a) Masukkan semua bahan dalam pemproses makanan dan puri hingga halus.
b) Tekan ke dalam pinggan pai dan sejukkan sehingga pejal.

PENGISIAN
c) Buat santan dengan mencampurkan air kelapa muda dengan dagingnya.
d) Kisar hingga sebati.

e) Tuangkan ke dalam kulit pai dan biarkan padat di dalam peti sejuk.

TOPPING MERINGUE

f) Rendam lumut selama 30 minit- 3 jam dalam air yang disucikan dan bilas dengan baik dan toskan.
g) Campurkan Lumut Laut dan air selama sekurang-kurangnya 30 saat atau sehingga hancur.
h) Masukkan selebihnya BAHAN -**BAHAN:** kecuali lecithin dan minyak kelapa dan gaul sehingga sebati.
i) Semasa mengadun masukkan lecithin dan minyak kelapa sehingga licin dan berkrim.
j) Tuang ke dalam mangkuk dan sejukkan sehingga pekat dan terasa sejuk.

29. Pai Epal Kuali

Membuat: 8 Membuat: 1 pai epal
- ½ cawan mentega
- 1 cawan gula perang
- 5 epal Granny Smith, dikupas, dan dihiris nipis
- 3 (9 inci) kerak pai pragulung yang disejukkan
- 1 cawan gula putih, dibahagikan
- 2 sudu teh kayu manis tanah, dibahagikan
- ¼ cawan gula putih
- 1 sudu besar mentega, potong kecil

Arah

a) Panaskan ketuhar hingga 350 darjah F (175 darjah C).
b) Letakkan 1/2 cawan mentega ke dalam kuali besi tuang yang berat, dan cairkan mentega di dalam ketuhar. Alih keluar kuali dan taburkan dengan gula perang; kembali ke ketuhar untuk memanaskan semasa anda sediakan buah epal.
c) Keluarkan kuali, dan letakkan 1 kerak pai yang disejukkan di atas gula perang. Atas kerak pai dengan separuh epal yang dihiris.
d) Taburkan epal dengan 1/2 cawan gula dan 1 sudu teh kayu manis; letakkan kerak pai kedua di atas epal; atas kerak kedua dengan baki epal, dan taburkan dengan 1/2 cawan gula dan 1 sudu teh kayu manis.
e) Teratas dengan kerak ketiga; taburkan kerak atas dengan 1/4 cawan gula, dan titik dengan 1 sudu besar mentega. Potong 4 celah ke dalam kerak atas untuk mengukus.
f) Bakar dalam ketuhar yang telah dipanaskan sehingga epal lembut dan kerak berwarna perang keemasan kira-kira 45 minit. Hidangkan hangat.

30. Pai Blueberry Rhubarb

Membuat: 7 Hidangan
BAHAN-BAHAN:
PENGISIAN PAI:
- 4 cawan cincang, rhubarb segar
- 2 cawan beri biru segar
- 2 sudu besar mentega cair
- 1-⅓ cawan gula putih
- ⅔ cawan empat

ATAS CRUMBLE:
- ½ cawan (1 batang) mentega cair
- 1 cawan tepung
- 1 cawan oat
- 1 cawan gula perang yang ditekan
- 1 sudu teh kayu manis

ARAHAN:
PENGISIAN PAI:
a) Sembur bahagian bawah kuali pai hidangan dalam 9" dengan semburan.
b) Alas kuali dengan kerak pai. Jika membuat bahagian atas hancur, serulingi tepi kerak sebelum diisi.
c) Sapukan ¼ cawan tepung secara merata pada bahagian bawah kulit pai sebelum menambah inti pai.
d) Satukan semua **BAHAN-BAHAN INTI PAI:** , dan tekan ke dalam kulit pai.

ATAS CRUMBLE:
e) Satukan semua bahan sehingga sebati dan lumat.

MEMBAKAR:
f) Tambah bahagian atas hancur ke inti pai, ratakan. Jika menggunakan bahagian atas kerak pai, letakkan di atas keseluruhan isi pai, dan tekan tepi kerak pai atas ke kerak bahagian bawah, dengan mengayunkan bahagian tepi. Buat celah di bahagian atas kerak untuk membolehkan pai mengukus. Sembur kerak atas dengan semburan kuali dan taburkan dengan baik dengan 5 sudu besar gula dalam mentah.
g) Tutup dengan kerajang timah, dan bakar pada suhu 350 darjah selama 1 jam (kurang jika menggunakan ketuhar perolakan)
h) Biarkan pai sejuk sepenuhnya sebelum dihidangkan.

31. Pai epal

Membuat: 7 Hidangan

BAHAN-BAHAN:

PENGISIAN PAI:
- 8 biji Epal Granny Smith, dikupas dan dihiris (7 biji epal jika epalnya sangat besar)
- 2 sudu besar mentega cair
- ⅔ cawan tepung
- 1 cawan gula putih
- 1 sudu teh kayu manis

ATAS CRUMBLE:
- ½ cawan (1 batang) mentega cair
- 1 cawan tepung
- 1 cawan oat
- 1 cawan gula perang yang ditekan
- 1 sudu teh kayu manis

ARAHAN:
PENGISIAN PAI:
a) Sembur bahagian bawah kuali pai hidangan dalam 9" dengan semburan.
b) Alas kuali dengan kerak pai. Jika membuat bahagian atas hancur, serulingi tepi kerak sebelum diisi.
c) Sapukan ¼ cawan tepung secara merata pada bahagian bawah kulit pai sebelum menambah inti pai.
d) Satukan semua **BAHAN-BAHAN INTI PAI:** , dan tekan ke dalam kulit pai. Pai akan menjadi agak besar.

ATAS CRUMBLE:
e) Satukan semua bahan sehingga sebati dan lumat.

MEMBAKAR:
f) Tambah bahagian atas hancur ke inti pai, ratakan. Jika menggunakan bahagian atas kerak pai, letakkan di atas keseluruhan isi pai, dan tekan tepi kerak pai atas ke kerak bahagian bawah, dengan mengayunkan bahagian tepi.
g) Buat celah di bahagian atas kerak untuk membolehkan pai mengukus. Sembur kerak atas dengan semburan kuali dan taburkan dengan baik dengan 5 sudu besar gula dalam mentah.
h) Tutup dengan kertas timah, dan bakar pada suhu 350 darjah selama 1 jam (kurang jika menggunakan ketuhar perolakan)
i) Biarkan pai sejuk sepenuhnya sebelum dihidangkan.

32. Pai Kelapa Mudah Tanpa Gluten

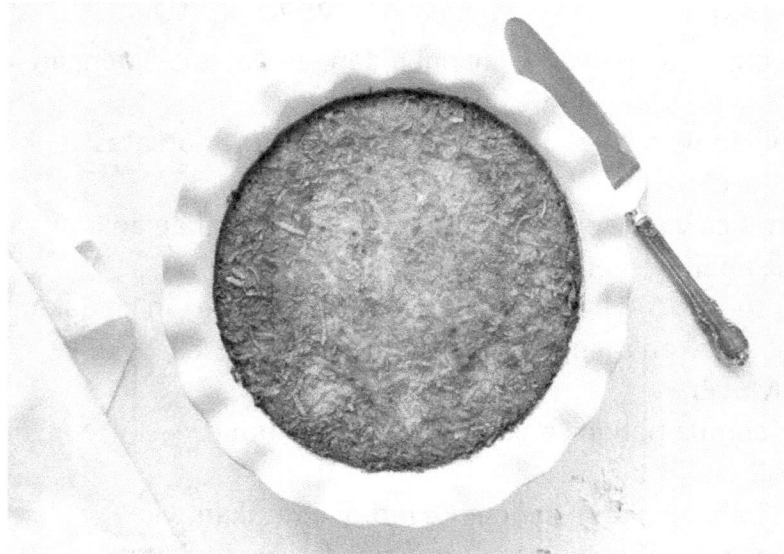

Membuat: 6-8

BAHAN-BAHAN:
- 1 sudu teh ekstrak vanila
- 2 biji telur
- 1 1/2 cawan susu
- 1/2 cawan Buah Monk
- 1/2 cawan tepung kelapa
- 1/4 cawan mentega
- 1 cawan kelapa parut

ARAHAN:
a) Satukan semua **BAHAN:** untuk membuat adunan.
b) Griskan pinggan pai dengan semburan tidak melekat dan isi dengan adunan.
c) Masak dalam Air Fryer pada suhu 350 darjah selama 12 minit.

33. Pai limau gedang

MEMBUAT 1 (10-INCI) PIE; BERKHIDMAT 8 HINGGA 10

BAHAN-BAHAN:
- 1 hidangan Ritz Crunch yang belum dibakar
- 1 hidangan Grapefruit Passion Dadih
- 1 hidangan Grapefruit Pekat Manis

Arah
a) Panaskan ketuhar hingga 275°F.
b) Tekan Ritz crunch ke dalam loyang pai 10 inci. Dengan menggunakan jari dan tapak tangan anda, tekan crunch dengan kuat, pastikan bahagian bawah dan tepinya rata dan sepenuhnya.
c) Letakkan loyang di atas loyang dan bakar selama 20 minit. Kerak Ritz sepatutnya berwarna perang keemasan sedikit dan lebih dalam dalam kebaikan mentega daripada rangup yang anda mulakan. Sejukkan kerak sepenuhnya; dibalut dengan plastik, kerak boleh dibekukan sehingga 2 minggu.
d) Menggunakan sudu atau spatula mengimbangi, sapukan dadih markisa limau gedang secara rata di bahagian bawah kerak Ritz. Masukkan pai ke dalam peti sejuk untuk menetapkan dadih sehingga pejal, kira-kira 30 minit.
e) Menggunakan sudu atau spatula offset, sapukan limau gedang pekat manis di atas dadih, berhati-hati agar tidak mencampurkan kedua-dua lapisan dan pastikan dadih tertutup sepenuhnya. Kembalikan ke dalam peti sejuk sehingga sedia untuk dihiris dan dihidangkan.

34. Pai kranberi

Membuat : 8 Hidangan

BAHAN-BAHAN:
- 2 kerak pai
- 1 pek gelatin; rasa oren
- ¾ cawan Air mendidih
- ½ cawan jus oren
- 1 tin (8-oz) sos kranberi jeli
- 1 sudu kecil Kulit oren parut
- 1 cawan Separuh setengah sejuk atau susu
- 1 pek Puding segera Jell-O , perisa vanila Perancis atau vanila
- 1 cawan Topping sebat Cool Whip
- Cranberi beku

ARAHAN:
a) Panaskan ketuhar hingga 450°F
b) BAWA gelatin sehingga mendidih dan larutkan. Tuangkan jus oren. Letakkan mangkuk dalam mangkuk ais dan air yang lebih besar. Biarkan selama 5 minit, kacau selalu, sehingga gelatin sedikit pekat.
c) Masukkan sos cranberry dan kulit oren dan kacau hingga sebati. Isikan kerak pai dengan inti. Sejukkan selama kira-kira 30 minit, atau sehingga ditetapkan.
d) Saya ke dalam mangkuk adunan sederhana, tuangkan separuh dan separuh. Masukkan adunan inti pai. W hisk sehingga sebati.
e) Ketepikan selama 2 minit, atau sehingga sos agak pekat. Akhir sekali, masukkan topping putar.
f) Sapukan campuran gelatin perlahan-lahan di atas. Sejukkan selama 2 jam atau sehingga kaku.

35. Pai Peach Crumb

Membuat 8 hidangan

BAHAN-BAHAN:
- 1 1/4 cawan tepung serba guna
- 1/4 sudu teh garam
- 1/2 sudu teh gula
- 1/2 cawan marjerin vegan, potong kecil
- 2 sudu besar air sejuk, tambah lagi jika perlu
- pic masak, dikupas, diadu, dan dihiris
- 1 sudu teh marjerin vegan
- 2 sudu besar gula
- 1/2 sudu teh kayu manis tanah

Topping
- ¾ cawan oat kuno
- 1/3 cawan marjerin vegan, dilembutkan
- 2 sudu besar gula
- 1 sudu teh kayu manis tanah
- 1/4 sudu teh garam

ARAHAN:

a) Buat kerak: Dalam mangkuk besar, satukan tepung, garam, dan gula. Gunakan pengisar atau garpu pastri untuk memotong marjerin sehingga adunan menyerupai serbuk kasar. Masukkan air sedikit demi sedikit dan gaul sehingga doh mula melekat.

b) Ratakan doh ke dalam cakera dan bungkus dengan bungkus plastik. Sejukkan selama 30 minit semasa anda menyediakan inti.

c) Panaskan ketuhar hingga 425°F. Canai doh di atas permukaan kerja yang ditaburkan sedikit tepung hingga berdiameter kira-kira 10 inci. Masukkan doh dalam pinggan pai 9 inci dan potong dan kelimkan tepi. Susun hirisan pic dalam kerak. Titik dengan marjerin dan taburkan dengan gula dan kayu manis. Mengetepikan.

d) Buat topping: Dalam mangkuk sederhana, satukan oat, marjerin, gula, kayu manis, dan garam. Gaul rata dan taburkan di atas buah.

e) Bakar sehingga buah berbuih dan kerak berwarna perang keemasan, kira-kira 40 minit. Keluarkan dari ketuhar dan sejukkan sedikit, 15 hingga 20 minit. Hidangkan hangat.

36. Pai Awan Strawberi

Membuat 8 hidangan

BAHAN-BAHAN:
KERAK
- 1 1/4 cawan tepung serba guna
- 1/4 sudu teh garam
- 1/2 sudu teh gula
- 1/2 cawan marjerin vegan, potong kecil
- 3 sudu besar air batu

PENGISIAN
- 1 bungkusan (12 auns) tauhu sutera pejal, toskan dan ditekan
- ¾ cawan gula
- 1 sudu teh ekstrak vanila tulen
- 2 cawan hirisan strawberi segar
- 1/2 cawan simpanan strawberi
- 1 sudu besar tepung jagung dilarutkan dalam 2 sudu besar air

ARAHAN:
a) Buat kerak: Dalam pemproses makanan, satukan tepung, garam dan gula dan nadi untuk digabungkan. Masukkan marjerin dan proses hingga lumat.
b) Dengan mesin berjalan, aliran dalam air dan proses untuk membentuk doh yang lembut. Jangan over mix. Ratakan doh ke dalam cakera dan bungkus dengan bungkus plastik.
c) Sejukkan selama 30 minit. Panaskan ketuhar hingga 400°F.
d) Canai doh di atas permukaan kerja yang ditaburkan sedikit tepung hingga berdiameter kira-kira 10 inci. Masukkan doh ke dalam pinggan pai 9 inci. Potong dan serulingi tepi. Cucuk lubang di bahagian bawah doh dengan garpu. Bakar selama 10 minit, kemudian keluarkan dari ketuhar dan ketepikan. Kurangkan suhu ketuhar kepada 350°F.
e) Buat inti: Dalam pengisar atau pemproses makanan, satukan tauhu, gula dan vanila dan kisar sehingga rata. Tuangkan ke dalam kerak yang telah disediakan.
f) Bakar selama 30 minit. Keluarkan dari ketuhar dan ketepikan sehingga sejuk selama 30 minit.

g) Susun strawberi yang dihiris di atas pai dalam corak hiasan untuk menutupi seluruh permukaan. Mengetepikan.
h) Haluskan bahan awet dalam pengisar atau pemproses makanan dan pindahkan ke periuk kecil di atas api sederhana. Masukkan bancuhan tepung jagung dan teruskan kacau sehingga adunan pekat.
i) Sudukan sayu strawberi di atas pai. Sejukkan pai sekurang-kurangnya 1 jam sebelum dihidangkan untuk menyejukkan inti dan tetapkan sayu.

37. Pai Buah Segar Tanpa Bakar

Membuat 8 hidangan

BAHAN-BAHAN:
- 1 1/2 cawan serbuk biskut oatmeal vegan
- 1/4 cawan marjerin vegan
- 1 paun tauhu pejal, toskan dan ditekan (lihat Tauhu)
- ¾ cawan gula
- 1 sudu teh ekstrak vanila tulen
- 1 pic masak, diadu dan potong 1/4 inci
- 2 buah plum masak, diadu dan dipotong menjadi kepingan 1/4 inci
- 1/4 cawan buah pic
- 1 sudu teh lem segar pada jus

ARAHAN:

a) Griskan pinggan pai 9 inci dan ketepikan. Dalam pemproses makanan, satukan serbuk dan marjerin cair dan proses sehingga serbuk dibasahkan.

b) Tekan adunan serbuk ke dalam pinggan pai yang disediakan. Sejukkan sehingga diperlukan.

c) Dalam pemproses makanan, satukan tauhu, gula, dan vanila dan proses sehingga halus. Sapukan adunan tauhu ke dalam kerak sejuk dan sejukkan selama 1 jam.

d) Susun buah-buahan secara hiasan di atas adunan tauhu. Mengetepikan.

e) Dalam mangkuk kecil kalis haba, satukan pengawet dan jus lemon dan gelombang mikro sehingga cair, kira-kira 5 saat. Kacau dan siramkan ke atas buah.

f) Sejukkan pai selama sekurang-kurangnya 1 jam sebelum dihidangkan untuk menyejukkan inti dan tetapkan sayu.

38. Pai Pisang Mangga

Membuat 6 hidangan

BAHAN-BAHAN:
- 1 1/2 cawan serbuk biskut vanila vegan
- 1/4 cawan marjerin vegan, cair
- 1 cawan jus mangga
- 1 sudu besar kepingan agar-agar
- 1/4 cawan nektar agave
- pisang masak, dikupas dan dipotong menjadi kepingan
- 1 sudu teh jus lemon segar
- 1 biji mangga masak segar, dikupas, diadu, dan dihiris nipis

ARAHAN:
a) Gris bahagian bawah dan tepi pinggan pai 8 inci. Letakkan serbuk biskut dan marjerin cair di bahagian bawah pinggan pai dan kacau dengan garpu untuk menggabungkan sehingga serbuk dibasahkan. Tekan ke bahagian bawah dan tepi pinggan pai yang disediakan. Sejukkan sehingga diperlukan.
b) Satukan jus dan kepingan agar-agar dalam periuk kecil. Biarkan selama 10 minit untuk lembut. Masukkan nektar agave dan masak adunan sehingga mendidih. Kecilkan api hingga mendidih dan kacau sehingga larut, kira-kira 3 minit.
c) Letakkan pisang dalam pemproses makanan dan proses sehingga halus. Masukkan adunan agar-agar dan perahan limau nipis dan proses sehingga sebati dan sebati. Gunakan spatula getah untuk mengikis inti ke dalam kerak yang disediakan. Sejukkan selama 2 jam atau lebih lama untuk menyejukkan dan sediakan.
d) Sebelum dihidangkan, susun hirisan mangga dalam bulatan di atas pai.

39. Pai Krim Strawberi

MENGISI 1 PIE

BAHAN-BAHAN:
- 1 resipi Piecrust Asas
- 2 resipi Krim Gajus Pukul
- 2 cawan strawberi dibelah dua
- 2 sudu besar sirap agave

ARAHAN:
a) Sapukan Krim disebat dalam piecrust anda, dalam satu lapisan yang sama rata.
b) Masukkan bahagian strawberi ke dalam sirap agave, kemudian susun strawberi, dihiris ke bawah, di atas Krim.
c) Akan disimpan selama 2 atau 3 hari di dalam peti ais.

40. Pai meringue epal

Membuat : 6 hidangan

BAHAN-BAHAN:
- 1 setiap satu 9 inci kulit pai yang belum dibakar
- 2 cawan Epal parut
- ½ cawan gula
- 3 sudu besar Mentega
- 1 sudu besar Jus lemon
- 3 setiap satu Telur, dipisahkan
- ½ sudu teh Kayu manis
- ½ sudu teh Buah pala
- ¼ cawan Gula manisan
- 1 sudu kecil Vanila

ARAHAN:
a) Sapukan epal secara rata di bahagian bawah kulit pai. Dalam mangkuk yang berasingan, krim gula dan mentega. Kisar dalam jus lemon dan 3 kuning telur yang dipukul.
b) Tuangkan ke atas epal. Taburkan dengan kayu manis dan buah pala. Bakar dalam ketuhar 350 darjah selama 40 hingga 45 minit. Pukul putih telur sehingga puncak terbentuk.
c) Secara beransur-ansur, masukkan gula tepung dan vanila, pukul sehingga meringue menjadi kaku. Sapukan di atas pai. Kembali ke ketuhar. Kecilkan api hingga 325 darjah.
d) Bakar 5 hingga 10 minit lebih lama, sehingga meringue berwarna perang sedikit.

41. Pai epal hancur Cheddar

Membuat : 8 hidangan

BAHAN-BAHAN:
- 1 setiap satu Cangkang Pai Belum Bakar 9 inci
- ½ cawan Tepung Tidak Diluntur
- ⅓ cawan gula
- 1½ paun Memasak Epal;
- 6 auns Cheddar, Dicincang, 1 1/2 C
- 4 sudu teh Tepung Tidak Diluntur
- ⅓ cawan Gula perang; Dibungkus Teguh
- ½ sudu teh Kayu manis; tanah
- ¼ sudu teh buah pala; tanah
- 5 sudu besar Mentega
- 1 sudu besar Jus lemon; Segar

ARAHAN:
a) Inti, kupas dan nipis
b) Buat rim tinggi di sekeliling kerak pai. Satukan semua bahan kering dalam topping dan potong mentega hingga lumat. Mengetepikan. Gaulkan epal dan jus lemon bersama-sama dan tambah keju, tepung, dan pala, tos dan gaul rata.
c) Susun epal dalam kerak dan taburkan di atas topping. Bakar dalam ketuhar yang telah dipanaskan 375 darjah F. selama 40 hingga 50 minit. Hidangkan hangat bersama Aiskrim Vanila jika mahu.

PIES SAYURAN

42. Rhubarb Berlapis Macaroon

Membuat: 4 hidangan

BAHAN-BAHAN:
- 4 cawan dihiris rhubarb segar atau beku (keping 1 inci)
- 1 epal besar, dikupas dan dihiris
- 1/2 cawan gula perang yang dibungkus
- 1/2 sudu teh kayu manis tanah, dibahagikan
- 1 sudu besar tepung jagung
- 2 sudu besar air sejuk
- 8 biji makaroni, hancur
- 1 sudu besar mentega, cair
- 2 sudu besar gula
- Aiskrim vanila, pilihan

Arah

a) Dalam kuali besi tuang yang besar atau kuali kalis ketuhar yang lain, gabungkan rhubarb, epal, gula perang dan 1/4 sudu teh kayu manis; masak sehingga mendidih. Kurangkan haba; tutup dan renehkan sehingga rhubarb sangat lembut, 10-13 minit.

b) Satukan tepung jagung dan air sehingga rata; sedikit demi sedikit masukkan ke dalam adunan buah. Didihkan; masak dan kacau sehingga pekat, kira-kira 2 minit.

c) Dalam mangkuk kecil, satukan biskut hancur, mentega, gula dan baki kayu manis. Taburkan ke atas campuran buah.

d) Panggang 4 inci dari api hingga keperangan, 3-5 minit. Jika mahu, hidangkan hangat dengan aiskrim.

43. Pai Penambang

Membuat: 6 Pai Penambang

BAHAN-BAHAN:
UNTUK PIE:
- 5 cawan saderi cincang (separuh bulan)
- 8 cawan lobak merah cincang
- 2 cawan bawang besar dipotong dadu
- 3 sudu besar rosemary segar yang dicincang
- 2 sudu besar bawang putih cincang
- 2 sudu besar thyme
- 2 sudu besar oregano
- 4 cawan bir kental
- 3 cawan stok daging lembu
- 10 paun daging lembu kisar

UNTUK PERIUK LENYUK:
- 1 beg periuk tumbuk
- 1 batang (½ cawan) mentega
- ¼ cawan krim masam
- 1 sudu besar lobak pedas

ARAHAN:
UNTUK PIE:
a) Tutup bahagian bawah periuk besar dengan minyak.
b) Masukkan bawang putih, bawang besar, lobak merah, saderi, dan rempah.
c) Masukkan stout, dan stok daging lembu. Didihkan, dan kecilkan hingga mendidih. Biarkan mereneh sehingga sayur agak empuk.
d) Masukkan daging kisar, kacau selalu. Biarkan mendidih sehingga daging lembu masak dengan sempurna. Perasakan secukup rasa.

UNTUK PERIUK LEMAK:
a) Cairkan mentega dalam periuk. Masukkan kentang.
b) Masukkan krim masam dan lobak pedas.
c) Kacau sehingga dipanaskan dan ia menjadi lebih pekat.
d) Masukkan inti pai kepada 6 mangkuk persegi.
e) Atas dengan periuk tumbuk. Anda boleh memasukkan periuk ke dalam beg paip dan paipkannya di atas.

44. Pai Rhubarb

Membuat: 7 Hidangan
BAHAN-BAHAN:
PENGISIAN PAI:
- 8 biji Epal Granny Smith, dikupas dan dihiris (7 biji epal jika epalnya sangat besar)
- 2 sudu besar mentega cair
- ⅔ cawan tepung
- 1 cawan gula putih
- 1 sudu teh kayu manis

ATAS CRUMBLE:
- ½ cawan (1 batang) mentega cair
- 1 cawan tepung
- 1 cawan oat
- 1 cawan gula perang yang ditekan
- 1 sudu teh kayu manis

ARAHAN:

PENGISIAN PAI:

a) Sembur bahagian bawah kuali pai hidangan dalam 9" dengan semburan.

b) Alas kuali dengan kerak pai. Jika membuat bahagian atas hancur, serulingi tepi kerak sebelum diisi.

c) Sapukan ¼ cawan tepung secara merata pada bahagian bawah kulit pai sebelum menambah inti pai.

d) Satukan semua **BAHAN-BAHAN INTI PAI:** , dan tekan ke dalam kulit pai. Pai akan menjadi agak besar.

ATAS CRUMBLE:

e) Satukan semua bahan sehingga sebati dan lumat.

MEMBAKAR:

f) Tambah bahagian atas hancur ke inti pai, ratakan. Jika menggunakan bahagian atas kerak pai, letakkan di atas keseluruhan isi pai, dan tekan tepi kerak pai atas ke kerak bahagian bawah, dengan mengayunkan bahagian tepi.

g) Buat celah di bahagian atas kerak untuk membolehkan pai mengukus. Sembur kerak atas dengan semburan kuali dan taburkan dengan baik dengan 5 sudu besar gula dalam mentah.

h) Tutup dengan kertas timah, dan bakar pada suhu 350 darjah selama 1 jam (kurang jika menggunakan ketuhar perolakan)

a) Biarkan pai sejuk sepenuhnya sebelum dihidangkan.

45. Pai keledek

Membuat: 2 pai keledek
Jumlah Masa Penyediaan/Memasak: 1 Jam 5 Minit

BAHAN-BAHAN:
- 2 biji keledek bersaiz sederhana
- 1 ¼ cawan gula
- 1 ½ batang mentega
- 4-5 biji telur tambah 1 biji
- 1 ½ sudu besar ekstrak vanila
- 1 sudu besar ekstrak lemon
- 1 sudu teh buah pala
- 1 sudu teh kayu manis
- 2 Kerak Pai Hidangan Dalam

ARAHAN

a) Pukul ubi keledek, gula, mentega dan telur (2 biji telur pada satu masa) selama 1 minit.
b) Tambah ekstrak vanila, ekstrak lemon, buah pala, dan kayu manis.
c) Pukul sebati selama 3-4 minit
d) Pindahkan adunan ke 2 Kerak Pai Hidangan Dalam
e) Campuran kentang, sepatutnya kelihatan seperti adunan kek, dan rasa seperti aiskrim.
f) Bakar dalam ketuhar yang telah dipanaskan 350 darjah, 55 hingga 60 minit.
g) Nikmati!

46. Pai labu

Membuat : 8 Hidangan

BAHAN-BAHAN:
- 1 tin (30 oz.) Campuran Pai Labu
- 2/3 cawan Susu Sejat
- 2 biji telur besar, dipukul
- 1 kulit pai 9 inci yang belum dibakar

ARAHAN:
a) Panaskan ketuhar hingga 425 darjah Fahrenheit.
b) Dalam mangkuk adunan yang besar, satukan adunan pai labu, susu sejat dan telur.
c) Tuangkan inti ke dalam kulit pai.
d) Bakar selama 15 minit dalam ketuhar.
e) Naikkan suhu kepada 350°F dan bakar selama 50 minit lagi.
f) Goncang perlahan-lahan untuk melihat sama ada ia sudah masak sepenuhnya.
g) Sejukkan selama 2 jam di atas rak dawai.

47. Pai Kentang Manis Selatan

Membuat : 10 Hidangan

BAHAN-BAHAN:
- 2 cawan ubi kupas, masak
- ¼ cawan mentega cair
- 2 biji telur
- 1 cawan gula
- 2 sudu besar bourbon
- 1/4 sudu teh garam
- 1/4 sudu teh kayu manis tanah
- 1/4 sudu teh halia kisar
- 1 cawan susu

ARAHAN:
a) Panaskan ketuhar hingga 350 darjah Fahrenheit.
b) Kecuali susu, satukan sepenuhnya semua **BAHAN:** dalam pengadun elektrik.
c) Masukkan susu dan teruskan kacau apabila semuanya sebati.
d) Tuangkan inti ke dalam kulit pai dan bakar selama 35–45 minit, atau sehingga pisau yang dimasukkan berhampiran bahagian tengah keluar bersih.
e) Keluarkan dari peti sejuk dan biarkan ia sejuk pada suhu bilik sebelum dihidangkan.

48. Pai articok Itali

Membuat: 8 Hidangan

Bahan
- 3 Telur; Dipukul
- 1 3 Oz Pakej Krim Keju dengan Kucai; Dilembutkan
- ¾ sudu teh Serbuk Bawang putih
- ¼ sudu teh Lada
- 1½ cawan Keju Mozzarella, Bahagian Susu Skim; dicincang
- 1 cawan Keju ricotta
- ½ cawan Mayonis
- 1 14 Oz Can Artichoke Hearts; Kering
- ½ 15 Oz Tin Garbanzo Kacang, Tin; Bilas dan Toskan
- 1 2 1/4 Oz Tin Dihiris Zaitun; Kering
- 1 2 Oz Jar Pimientos; Dipotong dadu dan Toskan
- 2 sudu besar pasli; Dipotong
- 1 Kerak Pai (9 Inci); Tidak dibakar
- 2 kecik tomato; dihiris

ARAHAN:
a) Satukan telur, keju krim, serbuk bawang putih, dan lada sulah dalam besen adunan besar. Satukan 1 cawan keju mozzarella, keju ricotta dan mayonis dalam mangkuk adunan.
b) Kacau sehingga semuanya sebati.
c) Potong 2 jantung articok separuh dan ketepikan. Potong hati yang lain.
d) Masukkan campuran keju dengan hati cincang, kacang garbanzo, buah zaitun, pimientos dan pasli. Isikan kulit pastri dengan adunan.
e) Bakar selama 30 minit pada suhu 350 darjah. Baki keju mozzarella dan keju Parmesan hendaklah ditaburkan di atasnya.
f) Bakar selama 15 minit lagi atau sehingga set.
g) Biarkan berehat selama 10 minit.
h) Di bahagian atas, susun hirisan tomato dan hati articok dibelah empat.
i) Hidang

49. Pai Kotej Desa

Membuat 4 hingga 6 hidangan

BAHAN-BAHAN:
- Kentang Yukon Gold, dikupas dan dipotong dadu
- 2 sudu besar marjerin vegan
- 1/4 cawan susu soya tanpa gula biasa
- Garam dan lada hitam yang baru dikisar
- 1 sudu besar minyak zaitun
- 1 bawang kuning sederhana, dicincang halus
- 1 lobak merah sederhana, dicincang halus
- 1 rusuk saderi, dicincang halus
- 12 auns seita n , dicincang halus
- 1 cawan kacang pea beku
- 1 cawan biji jagung beku
- 1 sudu teh gurih kering
- 1/2 sudu teh thyme kering

Arah
a) Dalam periuk air masin mendidih, masak kentang sehingga empuk, 15 hingga 20 minit.
b) Toskan dengan baik dan kembalikan ke dalam periuk. Masukkan marjerin, susu soya, dan garam dan lada sulah secukup rasa.
c) Tumbuk kasar dengan tumbuk kentang dan ketepikan. Panaskan ketuhar hingga 350°F.
d) Dalam kuali besar, panaskan minyak dengan api sederhana. Masukkan bawang besar, lobak merah, dan saderi.
e) Tutup dan masak sehingga lembut, kira-kira 10 minit. Pindahkan sayur-sayuran ke dalam loyang 9 x 13 inci. Masukkan seitan, sos cendawan, kacang polong, jagung, pedas dan thyme.
f) Perasakan dengan garam dan lada sulah secukup rasa dan ratakan adunan dalam loyang.
g) Teratas dengan kentang tumbuk, ratakan ke tepi loyang. Bakar sehingga kentang menjadi perang dan intinya berbuih, kira-kira 45 minit.
h) Hidangkan segera.

50. Ayam, Leek & Pai Cendawan

Membuat: 6

BAHAN-BAHAN:
- 1 kuantiti pastri kerak pendek, sejuk
- adunan tepung biasa (semua guna) bebas gluten tambahan untuk melancarkan pastri
- 250g (2½ cawan) adas, dicincang
- 2 daun bawang sederhana, dipotong
- 240g (2 cawan) cendawan
- 240ml (1 cawan) wain putih
- 240ml (1 cawan) susu
- 120ml (½ cawan) krim segar
- 4 sudu besar tepung jagung/tepung jagung
- 700g (1½ lb.) dada ayam
- ½ sudu kecil lada hitam yang baru dikisar
- ¼ sudu kecil garam laut (kosher).
- 2 sudu teh herba kering de Provence
- 2 sudu kecil minyak zaitun

ARAHAN:
a) Potong daun bawang, bilas dan toskan hingga bersih. Potong adas dan potong cendawan.
b) Panaskan 1 sudu kecil minyak zaitun dalam kuali tumis dengan api sederhana dan masukkan daun bawang dan adas. Masak selama 5 minit.
c) Masukkan cendawan dan teruskan tumis hingga kekuningan. Pindahkan ke dalam pinggan/mangkuk semasa anda memasak ayam. Potong ayam mengikut saiz gigitan.
d) Panaskan baki 1 sudu kecil minyak zaitun dalam kuali tumis dengan api sederhana dan masak kepingan ayam secara berkelompok, sehingga kekuningan.
e) Pindahkan kumpulan yang telah dimasak ke dalam mangkuk yang sama dengan sayur-sayuran yang telah ditumis. Setelah semua ayam masak, kembalikan ayam/sayur ke dalam kuali dan tuangkan wain putih.

f) Perasakan dengan garam, lada sulah dan masukkan herba kering. Masak hingga mendidih dan reneh dengan api kecil selama 10 minit.
g) Larutkan tepung jagung/tepung jagung dalam susu dan pukul ke dalam kuali tumis. Teruskan kacau dalam kuali sehingga sos pekat. Keluarkan dari haba dan tetapkan ke satu sisi.
h) Panaskan ketuhar kepada kipas 170C, 375F, Gas Mark 5.
i) Ambil doh sejuk anda dan canai di antara dua helaian kertas kalis minyak yang bertepung tepung ke dalam bentuk yang lebih besar sedikit daripada hidangan pai anda.
j) Kacau Crème Fresh ke dalam adunan ayam dan tuangkan ke dalam hidangan pai. Masih dalam kertas kalis minyak, balikkan pastri dan keluarkan helaian yang kini paling atas.
k) Gunakan baki kertas kalis minyak untuk membantu anda memindahkan pastri ke atas hidangan pai. Potong tepi dan kelim menggunakan dua jari dan ibu jari.
l) Jika anda berasa artistik, gulung semula sebarang hiasan pastri dan potong 4 bentuk daun untuk hiasan.
m) Sapu bahagian atas pai menggunakan campuran telur/susu yang tertahan daripada membuat pastri, potong salib kecil di tengah dan hias dengan bentuk daun pastri.
n) Berus ini dengan basuh telur juga. Letakkan di atas loyang dan masukkan ke dalam ketuhar.
o) Bakar selama 45 minit sehingga kulit pai berwarna perang keemasan dan intinya panas.

51. Pai Labu dengan Sedikit Rum

Membuat 8 hidangan

BAHAN-BAHAN:
kerak
- 1 1/4 cawan tepung serba guna
- 1/4 sudu teh garam
- 1/2 sudu teh gula
- 1/2 cawan marjerin vegan, potong kecil
- 3 sudu besar air ais, tambah lagi jika perlu

Pengisian
- 1 (16-auns) tin labu pek
- 1 (12 auns) bungkusan tauhu sutera yang lebih padat, ditoskan dan ditepuk kering
- 1 cawan gula
- Campuran pengganti telur yang disediakan untuk 2 telur (lihat Vegan Baking)
- 1 sudu besar rum gelap
- 1 sudu besar tepung jagung
- 2 sudu teh kayu manis tanah
- 1/2 sudu teh lada sulah yang dikisar
- 1/2 sudu teh halia kisar
- 1/2 sudu teh buah pala yang dikisar

ARAHAN:
a) Dalam mangkuk sederhana, satukan tepung, garam, dan gula. Gunakan pengisar atau garpu pastri untuk memotong marjerin sehingga adunan menyerupai serbuk kasar. Masukkan air sedikit demi sedikit dan gaul sehingga doh mula melekat. Ratakan doh ke dalam cakera bulat dan bungkus dengan bungkus plastik. Sejukkan selama 30 minit semasa anda menyediakan inti.

b) Dalam pemproses makanan, satukan labu dan tauhu sehingga sebati. Masukkan gula, pengganti telur, sirap maple, rum, tepung jagung, kayu manis, lada sulah, halia, dan buah pala, gaul sehingga sebati dan sebati.

c) Panaskan ketuhar hingga 400°F. Canai doh di atas permukaan kerja yang ditaburkan sedikit tepung hingga berdiameter kira-kira 10 inci. Masukkan doh ke dalam pinggan pai 9 inci dan potong dan serulingkan bahagian tepinya.

d) Tuangkan inti ke dalam kerak. Bakar selama 15 minit, kemudian kurangkan suhu ketuhar kepada 350°F dan bakar selama 30 hingga 45 minit lagi, atau sehingga pengisian ditetapkan. Biarkan sejuk pada suhu bilik pada rak dawai, kemudian sejukkan di dalam peti sejuk selama 4 jam atau lebih lama.

52. G reen

Membuat: 6 Hidangan

BAHAN-BAHAN:
Pastri untuk kerak dua kali ganda
½ cawan Gula
2 sudu teh Tepung
1 Lemon; kulit parut
¼ sudu teh lada sulah yang dikisar
¼ sudu teh Garam
4 cawan Tomato Hijau: kupas, potong
1 sudu teh jus lemon
3 sudu kecil Mentega

ARAHAN:
a) Alas loyang pai dengan doh pai. Campurkan gula, tepung, kulit limau, lada sulah, dan garam bersama-sama.
b) Taburkan sedikit sahaja di bahagian bawah kulit pai.
c) Susun hirisan tomato, satu lapisan pada satu masa, sambil anda menutup setiap lapisan dengan campuran gula, jus lemon, dan setitik mentega pada setiap kepingan.
d) Teruskan melapis sehingga anda mencapai bahagian atas tin pai.
e) Tutup dengan bahagian atas berkisi dan bakar pada suhu 350~ selama 45 minit.

53. Pai asparagus

Membuat: 6 Hidangan

BAHAN-BAHAN:
- 1 pek (8-oz) asparagus beku
- 1 cawan ham kiub; masak
- 1 cawan Separuh dan separuh
- 1 tin (4-oz) cendawan; dikeringkan
- 1 sudu teh Garam
- 3 biji telur; dipukul sedikit
- ⅓ cawan bawang cincang (pilihan)
- 1 Tidak dibakar; kerak pai 9 inci

ARAHAN:

a) Masak asparagus dan toskan dengan baik. Satukan Separuh dan Separuh, bawang besar, cendawan dan garam dalam periuk. Reneh 1 minit. Masukkan sedikit adunan panas ke dalam telur dan gaul rata. Masukkan ke dalam adunan dalam kuali, kacau hingga sebati.

b) Susun asparagus dan ham yang telah dikeringkan dalam kerak. Tuang adunan panas ke atas.

c) Lada dan buah pala boleh ditaburkan sedikit di atas permukaan. Bakar pada 400 selama 15 minit; kecilkan api kepada 325 dan bakar 20-25 minit lebih lama atau sehingga bilah pisau yang dimasukkan ke dalam bahagian tengah pai keluar bersih.

PAI KACANG

54. Pai Pecan

Membuat 8 hidangan

BAHAN-BAHAN:
kerak
- 1 1/4 cawan tepung serba guna
- 1/4 sudu teh garam
- 1/2 sudu teh gula
- 1/2 cawan marjerin vegan, potong kecil
- sudu air ais, tambah lagi jika perlu

Pengisian
- 2 sudu besar tepung jagung
- 1 cawan air
- 1 1/4 cawan sirap maple tulen
- 1/2 sudu teh garam
- 2 sudu besar marjerin vegan
- 1 sudu teh ekstrak vanila tulen
- 2 cawan separuh pecan tanpa garam, dibakar

ARAHAN:
a) Buat kerak: Dalam mangkuk besar, satukan tepung, garam, dan gula. Gunakan pengisar atau garpu pastri untuk memotong marjerin sehingga adunan menyerupai serbuk kasar. Masukkan air sedikit demi sedikit dan gaul sehingga doh mula melekat.
b) Ratakan doh ke dalam cakera dan bungkus dengan bungkus plastik. Sejukkan selama 30 minit semasa anda menyediakan inti. Panaskan ketuhar hingga 400°F.
c) Buat inti: Dalam mangkuk kecil, satukan tepung jagung dan 1/4 cawan air dan ketepikan. Dalam periuk sederhana, satukan baki ¾ cawan air dan sirap maple dan biarkan mendidih dengan api yang tinggi. Rebus selama 5 minit, kemudian masukkan garam dan bancuhan tepung jagung, kacau dengan kuat. Teruskan kacau dan masak dengan api yang tinggi sehingga adunan menjadi pekat dan jernih. Angkat dari api dan masukkan marjerin dan vanila.

d) Canai doh di atas permukaan kerja yang ditaburkan sedikit tepung hingga berdiameter kira-kira 10 inci. Masukkan doh ke dalam pinggan pai 9 inci. Potong doh dan serulingkan bahagian tepinya. Cucuk lubang di bahagian bawah doh dengan garpu. Bakar sehingga kekuningan, kira-kira 10 minit, kemudian keluarkan dari ketuhar dan ketepikan. Kurangkan suhu ketuhar kepada 350°F.

e) Setelah marjerin cair, tuangkan inti ke dalam kerak yang telah dibakar. Susun separuh pecan dalam inti, tekan ke dalam adunan dan susun separuh lagi di bahagian atas pai. Bakar selama 30 minit. Sejukkan di atas redai selama kira-kira 1 jam, kemudian sejukkan sehingga sejuk.

55. Pai Hazelnut Coklat Putih

Membuat 8 hidangan

BAHAN-BAHAN:
- 1 1/2 cawan serbuk biskut vanila atau coklat vegan
- 1 cawan cip coklat putih vegan atau kepingan
- 1/4 cawan air
- 2 sudu besar Frangelico (minuman keras hazelnut)
- 8 auns tauhu sutera lebih pejal, toskan
- 1/4 cawan nektar agave
- 1 sudu teh ekstrak vanila tulen
- 1/2 cawan hazelnut panggang yang dihancurkan, untuk hiasan
- 1/2 cawan beri segar, untuk hiasan

ARAHAN:
a) Griskan pinggan pai 8 inci atau kuali springform dan ketepikan.
b) Dalam pemproses makanan, satukan serbuk biskut dan marjerin dan nadi sehingga serbuk itu dibasahkan.
c) Tekan adunan serbuk ke bahagian bawah dan tepi kuali yang disediakan. Sejukkan sehingga diperlukan.
d) Cairkan coklat putih dalam double boiler dengan api perlahan, kacau sentiasa. Mengetepikan.
e) Dalam pengisar berkelajuan tinggi, kisar gajus hingga menjadi serbuk. Masukkan air dan Frangelico dan gaul hingga rata. Masukkan tauhu, nektar agave, dan vanila dan gaul sehingga rata. Masukkan coklat putih cair dan proses sehingga berkrim.
f) Sapukan adunan ke dalam loyang yang telah disediakan. Tutup dan sejukkan 3 jam, sehingga sejuk.
g) Untuk menghidangkan, hiaskan dengan hazelnut yang dihancurkan dan buah beri segar.

56. Pai Kelapa Mudah Tanpa Gluten

Jumlah Masa: 52 minit
Membuat: 6-8

BAHAN-BAHAN:
- 2 biji telur
- 1 1/2 cawan susu
- 1/4 cawan mentega
- 1 1/2 sudu kecil. ekstrak vanila
- 1 cawan kelapa parut (saya guna yang manis)
- 1/2 cawan Buah Monk (atau gula pilihan anda)
- 1/2 cawan tepung kelapa

ARAHAN:
a) Salutkan pinggan pai 6" dengan semburan tidak melekat dan isikan dengan adunan. Teruskan mengikuti arahan yang sama seperti di atas.
b) Masak dalam Air Fryer pada suhu 350 darjah selama 10 hingga 12 minit.
c) Periksa pai separuh jalan melalui masa memasak untuk memastikan ia tidak hangus, giliran pinggan, gunakan pencungkil gigi untuk menguji kematangan.

57. B kekurangan pai oatmeal walnut

Membuat: 1 hidangan

BAHAN-BAHAN:
- 3 biji telur, dipukul perlahan
- 1 cawan gula perang, dibungkus
- ½ cawan sirap jagung gelap
- ½ cawan susu sejat
- ½ cawan oat gulung masak cepat
- ½ cawan walnut hitam yang dicincang kasar
- ¼ cawan (4 sudu besar) mentega, cair
- 1 sudu teh Vanila
- garam
- Pastri yang belum dibakar untuk pai kerak tunggal

ARAHAN:
a) Dalam mangkuk adunan besar, satukan telur, gula, sirap, susu, oat, kacang, mentega, vanila dan ⅛ sudu teh garam, kacau rata.
b) Gariskan pinggan pai 9 inci dengan pastri, trim dan tepi seruling. Letakkan pinggan di atas rak ketuhar dan tuangkan inti. Lindungi tepi pai dengan kerajang untuk mengelakkan keperangan. Bakar pada 350F selama 25 minit. Keluarkan foil.
c) Bakar selama kira-kira 25 minit lagi atau sehingga bahagian atas berwarna perang keemasan dan sedikit kembang.
d) Isi dengan lembut sedikit, tetapi akan padat apabila ia sejuk.
e) Sejukkan sepenuhnya.

58. Pai acorn

Membuat: 1 hidangan

BAHAN-BAHAN:
- 3 putih telur, dipukul kaku
- 1 sudu teh serbuk penaik
- 1 cawan Gula
- 1 sudu teh Vanila
- 20 keropok soda
- (pecah kasar)
- ½ cawan Pecan, dicincang

ARAHAN:
a) Pukul putih telur sehingga kaku; masukkan serbuk penaik dan pukul lagi.
b) Tambah gula dan vanila; pukul lagi.
c) Masukkan keropok dan pecan. Masukkan dalam pinggan pai mentega dan bakar pada suhu 300 darjah selama 30 minit.
d) Biarkan sejuk dan taburkan dengan Cool Whip dan pecan cincang.

59. Pai ceri macaroon badam

Membuat: 6 hidangan

BAHAN-BAHAN:
- 1 setiap kulit pai, 9 inci, belum dibakar
- 21 auns isi pai ceri
- ½ sudu teh Kayu Manis
- 1 cawan kelapa
- ½ cawan badam, dihiris
- ¼ cawan Gula
- ⅛ sudu teh Garam (pilihan)
- ⅛ sudu teh Garam (pilihan)
- 1 sudu teh jus lemon
- ¼ cawan Susu
- 1 sudu besar Mentega, dicairkan
- ¼ sudu teh ekstrak badam
- 1 setiap Telur, dipukul

ARAHAN:
a) Panaskan ketuhar hingga 400F. Canai pastri pai dan masukkan ke dalam kuali pai 9 inci. Dalam mangkuk besar, satukan inti pai, kayu manis, garam dan jus lemon. Gaul rata. Sudukan ke dalam kuali pai beralaskan kerak.
b) Bakar 20 minit.
c) Sementara itu, satukan semua bahan topping dalam mangkuk sederhana dan gaul sehingga sebati. Keluarkan pai dari ketuhar selepas 20 minit, ratakan topping ke atas permukaan, dan kembalikan pai ke dalam ketuhar.
d) Bakar tambahan 15 hingga 30 minit, atau sehingga kerak dan topping berwarna perang keemasan.

60. Pai coklat cip Amaretto

Membuat: 8 hidangan

BAHAN-BAHAN:
- 3 biji telur
- ¾ cawan sirap, jagung gelap
- ½ cawan Gula
- ¼ cawan Amaretto
- 2 sudu besar Mentega; cair
- ½ sudu teh Garam
- ½ cawan cip coklat, separa manis
- ½ cawan badam, dihiris
- 1 kerak pai; tidak dibakar
- Krim putar atau ais krim

ARAHAN:
a) Panaskan ketuhar hingga 350 darjah. Dalam mangkuk besar, pukul telur sehingga sebati. Masukkan sirap jagung, gula, amaretto, mentega dan garam. Masukkan cip coklat dan badam.
b) Tuangkan ke dalam kerak pai yang belum dibakar.
c) Bakar 50 hingga 60 minit sehingga pisau yang dimasukkan antara tengah dan tepi pai keluar bersih. Sejukkan sepenuhnya.
d) Hidangkan dengan krim putar atau ais krim.

61. Pai bar nickers

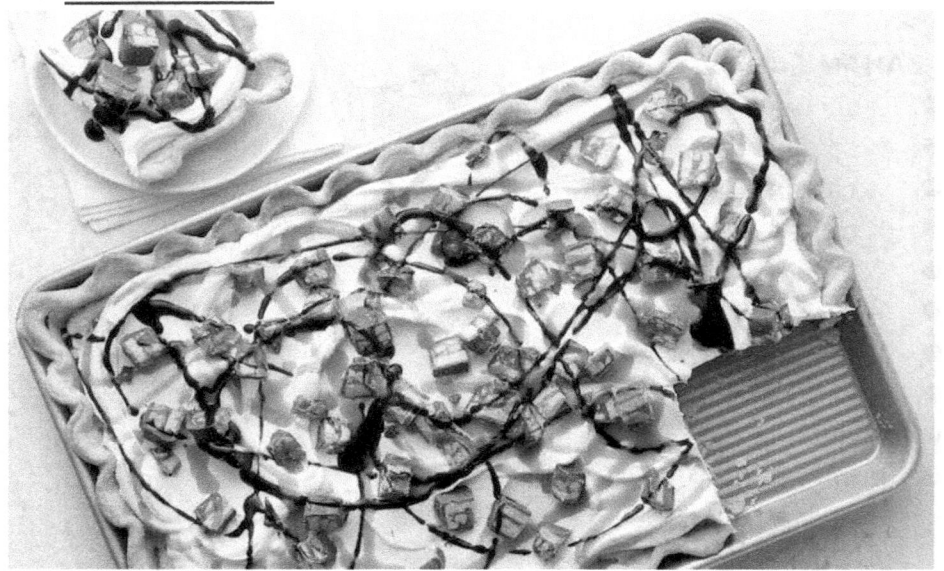

Membuat: 1 Hidangan

BAHAN-BAHAN:
- 1 (10 inci) kulit pai, dibakar
- 4 cawan Susu
- 1 cawan Whip Sejuk
- 2 (3 3/4 oz.) kotak Puding Vanila segera
- 3 (3 3/4 oz.) kotak Puding Coklat segera
- 3 batang Snickers, potong 1/2 Inci
- Whip sejuk dan kacang tanah untuk Hiasan

ARAHAN:
a) Satukan 1½ cawan susu, puding vanila dan ½ cawan Cool Whip.
b) Pukul sehingga sangat halus. Lipat dalam ketulan bar gula-gula.
c) Sapukan dalam kulit pai yang dibakar.
d) Satukan baki susu, Cool Whip, dan puding coklat.
e) Pukul hingga rata.
f) Sapukan di atas lapisan vanila. Hiaskan.
g) Sejukkan.

62. Pai rangup kacang ceri

Membuat: 1 Pai

BAHAN-BAHAN:
- ½ pek (10 oz.) campuran kerak pai
- ¼ cawan gula perang muda yang dibungkus
- ¾ cawan hazelnut Oregon panggang, dicincang
- 1 auns coklat separuh manis diparut
- 4 sudu teh Air
- 1 sudu teh Vanila
- 8 auns ceri maraschino merah
- 2 sudu teh Tepung jagung
- ¼ cawan Air
- 1 sudu garam
- 1 sudu besar Kirsch (pilihan)
- 1 liter aiskrim Vanila

ARAHAN:
a) Satukan (½ pakej) campuran kerak pai dengan gula, kacang dan coklat menggunakan pengisar pastri. Campurkan air dengan vanila. Taburkan atas adunan serbuk dan gaul sehingga sebati.
b) Berubah menjadi plat pai 9 inci yang digris dengan baik; tekan adunan dengan kuat pada bahagian bawah dan tepi. Bakar dalam ketuhar 375 selama 15 minit.
c) Sejukkan di atas rak. Tutup dan biarkan selama beberapa jam atau semalaman. Toskan ceri, simpan sirap. Cincang ceri kasar.
d) Kisar sirap dengan tepung jagung, ¼ cawan air dan garam dalam periuk; tambah ceri. Masak dengan api kecil hingga jernih. Keluarkan dari haba dan sejukkan dengan teliti.
e) Masukkan Kirsch dan sejukkan. Sudukan aiskrim ke dalam kulit pai.
f) Tuangkan sayu ceri ke atas pai dan hidangkan segera.

PIES HERBED DAN FLORAL

63. Pai Espresso Pudina Coklat

Membuat 6 hingga 8 hidangan

BAHAN-BAHAN:
- 2 cawan biskut coklat vegan atau biskut sandwic coklat berperisa pudina
- 1 (12-auns) pakej cip coklat semisweet vegan
- 1 (12.3 auns) bungkusan tauhu sutera pejal, toskan dan hancur
- 2 sudu besar sirap maple tulen atau nektar agave
- 2 sudu besar susu soya biasa atau vanila
- 2 sudu besar crème de menthe
- 2 sudu teh serbuk espresso segera

ARAHAN:
a) Panaskan ketuhar hingga 350°F. Minyakkan sedikit pinggan pai 8 inci dan ketepikan.
b) Jika menggunakan biskut sandwic, asingkan dengan teliti, simpan isi krim dalam mangkuk yang berasingan. Kisar halus biskut dalam pemproses makanan. Masukkan marjerin vegan dan nadi sehingga sebati.
c) Tekan adunan serbuk ke bahagian bawah kuali yang disediakan. Bakar selama 5 minit. Jika menggunakan biskut sandwic, semasa kerak masih panas, sapukan isi krim yang telah dikhaskan di atas kerak. Ketepikan sejuk, selama 5 minit.
d) Cairkan cip coklat dalam dandang berganda atau microwave. Mengetepikan.
e) Dalam pengisar atau pemproses makanan, satukan tauhu, sirap maple, susu soya, crème de menthe dan serbuk espreso. Proses sehingga halus
f) Kisar coklat cair ke dalam adunan tauhu sehingga sebati. Sapukan inti ke dalam kerak yang disediakan. Sejukkan selama sekurang-kurangnya 3 jam untuk ditetapkan sebelum dihidangkan.

64. Rosemary, Sosej & Pai Keju

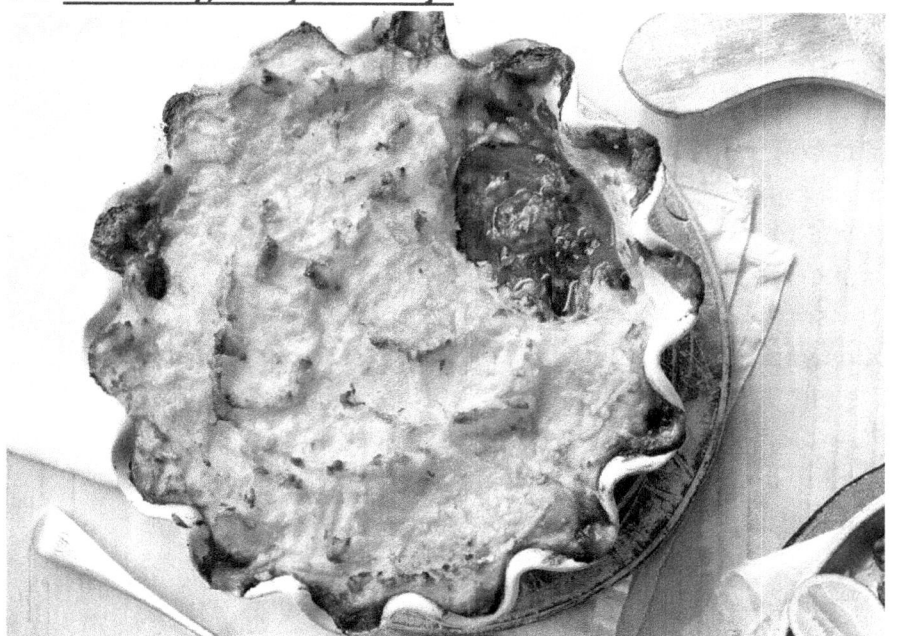

Membuat: 2

BAHAN-BAHAN:
- ¾ cawan keju cheddar, parut
- ¼ cawan minyak kelapa
- 5 biji kuning telur
- ½ sudu teh rosemary
- ¼ sudu teh baking soda
- 1 ½ sosej ayam
- ¼ cawan tepung kelapa
- 2 sudu besar santan
- 2 sudu kecil jus lemon
- ¼ sudu kecil lada cayenne
- 1/8 sudu kecil garam halal

ARAHAN:
a) Tetapkan ketuhar kepada 350 F.
b) Cincang sosej, panaskan kuali dan masak sosej. Semasa sosej masak satukan semua bahan kering dalam mangkuk. Dalam mangkuk lain satukan jus lemon, minyak, dan santan. Tambah cecair ke dalam campuran kering dan tambah ½ cawan keju; lipat sehingga sebati dan masukkan ke dalam 2 ramekin.
c) Masukkan sosej yang telah dimasak ke dalam adunan dan gunakan sudu untuk menolak ke dalam adunan.
d) Bakar selama 25 minit sehingga kekuningan di atas. Teratas dengan sisa keju dan panggang selama 4 minit.
e) Hidangkan hangat.

65. Pai kubis lemon

Membuat: 8 hidangan

BAHAN-BAHAN:
- Doh pastri
- 2 biji telur
- 3 kuning telur
- ¾ cawan Gula
- ½ cawan jus lemon
- 1 sudu besar kulit limau parut
- 1 cawan krim berat
- 1 pek gelatin tanpa perisa
- ¼ cawan Air
- Pansy terhablur

ARAHAN:
a) Dalam periuk 1 liter dengan pukul dawai, pukul bersama telur, kuning telur, gula, jus lemon dan kulit.
b) Masak dengan api perlahan, kacau sentiasa menggunakan sudu kayu sehingga adunan menjadi pekat dan saluti sudu selama lebih kurang 10 minit.
c) Tapis dan ketepikan.
d) Apabila pastri telah sejuk, panaskan ketuhar hingga 400'F. Di antara 2 helai kertas berlilin yang ditaburkan tepung, gulungkan pastri menjadi bulat 11 inci. Keluarkan helaian atas kertas dan terbalikkan pastri ke dalam pinggan pai 9 inci, biarkan lebihan memanjang ke tepi.
e) Keluarkan baki kertas berlilin. Lipat lebihan pastri ke bawah supaya sekata dengan tepi pinggan.
f) Dengan garpu, tebuk bahagian bawah dan sekeliling sisi pastri untuk mengelakkan pengecutan. Alas pastri dengan kerajang aluminium dan isi dengan kacang kering atau pemberat pai yang belum dimasak.
g) Bakar kerak pastri selama 15 minit, keluarkan kerajang dengan kacang, dan bakar 10 hingga 12 minit lebih lama atau sehingga kerak keemasan. Sejukkan kerak sepenuhnya pada rak dawai.

h) Apabila kerak pastri telah sejuk, pukul krim sehingga membentuk puncak lembut, dan ketepikan.
i) Dalam kuali, satukan gelatin dan air, dan panaskan dengan api perlahan, kacau sehingga gelatin larut.
j) Kacau campuran gelatin ke dalam campuran lemon yang telah disejukkan. Lipat krim putar ke dalam adunan lemon sehingga sebati. Sapukan krim lemon ke dalam kerak pastri dan sejukkan selama 2 jam atau sehingga pejal.
k) Sebelum dihidangkan, letakkan pansies di sekeliling tepi dan di tengah-tengah pai, jika dikehendaki.

PAI DAGING DAN AYAM

66. Pai sarapan telur

Membuat: 4

BAHAN-BAHAN:
- 250g pastri puff siap gulung
- 4 biji telur jarak jauh
- 2 biji cendawan dihiris
- 6-8 keping bacon bergaris
- Tomato Ceri
- Thyme segar
- Serpihan cili salai kering
- H andful g pilihan anda

Arah
a) Mula-mula, biarkan ketuhar anda sejuk sehingga mencapai suhu sekitar 180°C.
b) Potong pastri puff anda kepada empat segi empat sama dan letakkan di atas loyang yang dialas dengan kertas pembakar untuk membakar dengan api yang tinggi.
c) Bakar selama 10 minit, atau sehingga pastri telah membengkak dan mula menjadi perang keemasan.
d) Goreng daging anda . Masukkan cendawan dan percikan minyak zaitun apabila bacon mula masak.
e) Selepas mengeluarkan pai dari ketuhar yang dibakar kayu, tekan ke bawah bahagian tengah setiap satu untuk menaikkan sedikit bahagian tepi.
f) Letakkan bacon dan cendawan di atas, diikuti dengan taburan keju yang banyak. Tambah beberapa tomato ceri ke tepi jika anda berasa berani.
g) Dalam ketuhar pembakaran kayu anda, pecahkan telur di tengah setiap pai dan masak selama 10-15 minit lagi.
h) Apabila telur siap, keluarkannya dari kuali dan nikmati hidangan sarapan pagi anda yang lazat!

67. Keju dan Pai Sosej

Membuat: 2

BAHAN-BAHAN:
- 1 ½ keping sosej ayam
- ½ sudu teh rosemary
- ¼ sudu teh baking soda
- ¼ cawan tepung kelapa
- ¼ sudu kecil lada cayenne
- 1/8 sudu kecil garam
- 5 biji kuning telur
- 2 sudu kecil jus lemon
- ¼ cawan minyak kelapa
- 2 sudu besar santan
- ¾ keju cheddar, parut

ARAHAN:
a) Tetapkan ketuhar kepada 350 F.
b) Cincang sosej, panaskan kuali dan masak sosej. Semasa sosej masak satukan semua bahan kering dalam mangkuk. Dalam mangkuk lain satukan kuning telur, jus lemon, minyak dan santan. Tambah cecair ke dalam campuran kering dan tambah ½ cawan keju; lipat sehingga sebati dan masukkan ke dalam 2 ramekin.
c) Masukkan sosej yang telah dimasak ke dalam adunan dan gunakan sudu untuk menolak ke dalam adunan.
d) Bakar selama 25 minit sehingga kekuningan di atas. Teratas dengan sisa keju dan panggang selama 4 minit.
e) Hidangkan hangat.

68. Rosemary, Pai Sosej Ayam

Membuat: 2

BAHAN-BAHAN:
- ¾ cawan keju cheddar, parut
- ¼ cawan minyak kelapa
- 5 biji kuning telur
- ½ sudu teh rosemary
- 1/4 sudu kecil baking soda
- 1 ½ sosej ayam
- ¼ cawan tepung kelapa
- 2 sudu besar santan
- 2 sudu kecil jus lemon
- 1 sudu kecil lada cayenne
- 1/8 sudu kecil garam halal

ARAHAN:
a) Tetapkan ketuhar kepada 350 F.
b) Cincang sosej, panaskan kuali dan masak sosej. Semasa sosej masak satukan semua bahan kering dalam mangkuk. Dalam mangkuk lain satukan jus lemon, minyak, dan santan. Tambah cecair ke dalam campuran kering dan tambah ½ cawan keju; lipat sehingga sebati dan masukkan ke dalam 2 ramekin.
c) Masukkan sosej yang telah dimasak ke dalam adunan dan gunakan sudu untuk menolak ke dalam adunan.
d) Bakar selama 25 minit sehingga kekuningan di atas. Teratas dengan sisa keju dan panggang selama 4 minit.
e) Hidangkan hangat.

69. Pai Ayam

Membuat: 5

BAHAN-BAHAN:
- ½ lb. paha ayam tanpa tulang dipotong menjadi kepingan kecil
- 3.5 oz bacon, dicincang
- 1 lobak merah, dicincang
- ¼ cawan pasli, dicincang
- 1 cawan krim berat
- 2 bawang daun bawang, dicincang
- 1 cawan wain putih
- 1 sudu besar minyak zaitun
- Garam dan lada sulah secukup rasa

UNTUK KERAK
- 1 cawan makanan badam
- 2 sudu besar air
- 1 sudu besar stevia
- 1½ sudu besar mentega
- ½ sudu kecil garam

ARAHAN:
a) Sediakan kerak dahulu dengan mencantumkan kesemua bahannya . Mengetepikan.
b) Panaskan minyak zaitun dalam kuali di atas api yang sederhana tinggi. Masukkan daun bawang yang dicincang dan kacau. Pindahkan ke pinggan.
c) Masukkan daging ayam dan bacon dan masak sehingga perang dan masukkan daun bawang.
d) Masukkan lobak merah dan tuangkan wain putih dan kemudian kecilkan api ke sederhana.
e) Masukkan pasli dan tuangkan krim kental dalam kacau rata. Pindahkan ke dalam loyang.
f) Tutup dengan kerak yang telah disediakan dan masukkan ke dalam ketuhar untuk masak sehingga kerak menjadi perang keemasan dan garing.
g) Biarkan berehat selama 20 minit sebelum dihidangkan.

70. P oose pai

Membuat: 1 hidangan

BAHAN-BAHAN:
- 1½ paun stik moose, dipotong dadu 1/2 c. tepung
- 1 Bawang sederhana, dicincang
- 1 ulas bawang putih kisar
- 3 sudu besar Minyak
- 2 cawan Air
- 2 sudu besar sos Worcestershire
- 1 sudu teh marjoram
- 1 sudu teh Thyme
- 1 sudu teh biji Saderi
- 1 sudu teh Garam
- ½ sudu teh Lada
- 1 daun salam
- Kentang & lobak merah dipotong dadu
- Kacang polong beku atau kacang hijau
- Kerak pai

ARAHAN:
a) Goncang stik kiub dalam beg plastik dengan tepung, beberapa kiub pada satu masa.
b) Moose perang dan bawang merah dan bawang putih dalam minyak yang dipanaskan, sehingga Moose berwarna perang. Masukkan air, herba, sos Worcestershire, garam dan lada sulah.
c) Didihkan, kecilkan api, reneh 1½ jam. Masukkan kentang dan lobak merah, masak lebih kurang 30 hingga 45 minit lebih lama. Tambah kacang. Tuangkan ke dalam kuali pai. Tutup dengan kerak pai, tepi seruling, potong celah di bahagian atas.
d) Bakar 15 hingga 20 minit atau sehingga kerak berwarna perang dengan baik.

PAI BIJIRAN DAN PASTA

71. Pai Tamale yang Tidak Sangat Corny

Membuat: 8

BAHAN-BAHAN:
- 2 sudu teh minyak sayuran, atau mengikut keperluan
- 1 bawang kecil, dicincang
- 1 ½ paun daging lembu kisar
- 1 (15 auns) kacang pinto tin, dibilas dan toskan
- 1 (15 auns) kacang hitam tin, bilas dan toskan
- ½ cawan campuran keju Mexico yang dicincang
- 1 (14 auns) boleh potong dadu tomato dengan lada cili hijau
- 2 (8.5 auns) bungkusan campuran roti jagung
- ⅔ cawan susu
- 2 biji telur besar

Arah
a) Panaskan ketuhar hingga 400 darjah F (200 darjah C).
b) Panaskan minyak dalam kuali besi tuang di atas api sederhana tinggi; tumis bawang hingga keperangan, 5 hingga 10 minit. Tambah daging lembu; masak dan kacau sehingga daging lembu keperangan dan hancur, 5 hingga 10 minit. Campurkan kacang pinto dan kacang hitam ke dalam campuran daging lembu.
c) Taburkan campuran keju Mexico ke atas campuran kacang lembu; kacau. Campurkan tomato yang dipotong dadu dengan lada cili hijau ke dalam campuran kacang lembu.
d) Campurkan campuran roti jagung, susu, dan telur bersama dalam mangkuk sehingga adunan licin. Sebar adunan di atas campuran daging lembu-kacang.
e) Bakar dalam ketuhar yang telah dipanaskan sehingga pencungkil gigi dimasukkan ke tengah-tengah roti jagung keluar bersih, 15 hingga 20 minit.

72. S paghetti pai bebola daging

Membuat: 4-6

BAHAN-BAHAN:
- 1 - 26 oz. beg bebola daging lembu
- 1/4 cawan lada hijau dicincang
- 1/2 cawan bawang cincang
- 1 - 8 oz. pakej spageti
- 2 biji telur, dipukul sedikit
- 1/2 cawan keju Parmesan parut
- 1-1/4 cawan keju mozzarella yang dicincang
- 26 oz. sos spageti ketul balang

ARAHAN:
a) Panaskan ketuhar hingga 375ºF. Tumis lada dan bawang sehingga lembut, kira-kira 10 minit. Mengetepikan.
b) Masak spageti, toskan dan bilas dengan air sejuk dan keringkan. Letakkan dalam mangkuk adunan besar.
c) Masukkan telur dan keju Parmesan dan kacau hingga sebati. Tekan adunan ke bahagian bawah pinggan pai 9" yang disembur. Teratas dengan 3/4 cawan keju mozzarella yang dicincang. Cairkan bebola daging beku dalam ketuhar gelombang mikro selama 2 minit.
d) Potong setiap bebola daging separuh. Lapiskan separuh bebola daging di atas adunan keju. Satukan sos spageti dengan lada dan bawang yang telah dimasak.
e) Sudukan di atas lapisan bebola daging. Tutup longgar dengan foil dan bakar selama 20 minit.
f) Keluarkan dari ketuhar dan taburkan 1/2 cawan keju mozzarella ke atas campuran sos spageti.
g) Teruskan membakar tanpa penutup selama 10 minit lagi sehingga berbuih. Potong kepingan dan hidangkan.

73. Pai Mee Bayam Bijan

Membuat 4 hidangan

- ¾ cawan tahini (pes bijan)
- 3 ulas bawang putih, cincang kasar
- 3 sudu besar pes miso putih lembut
- 3 sudu besar jus lemon segar
- 1⁄4 sudu teh cayenne kisar
- 1 cawan air
- 8 auns linguine, dipecahkan kepada pertiga
- 9 auns bayi bayam segar
- 1 sudu besar minyak bijan bakar
- 2 sudu besar bijan

ARAHAN:
a) Panaskan ketuhar hingga 350°F. Dalam pemproses makanan, satukan tahini, bawang putih, miso, jus lemon, cayenne, dan air dan proses sehingga halus. Mengetepikan.
b) Masak linguine dalam periuk besar air masin mendidih, kacau sekali-sekala, sehingga al dente, kira-kira 10 minit. Masukkan bayam, kacau sehingga layu, kira-kira 1 minit.
c) Toskan dengan baik, dan kemudian kembali ke periuk. Masukkan minyak dan sos tahini dan gaul sehingga sebati.
d) Pindahkan adunan ke dalam pinggan pai dalam 9 inci atau kuali pembakar bulat. Taburkan dengan bijan dan bakar sehingga panas, kira-kira 20 minit. Hidangkan segera.

74. I talian spageti pai

Membuat: 4 hidangan

BAHAN-BAHAN:
- 6 auns spageti
- 2 sudu besar Mentega atau marjerin
- ⅓ cawan keju Parmesan parut
- 2 biji telur yang telah dipukul dengan baik
- 1 cawan keju kotej
- 1 paun daging lembu kisar atau sosej babi pukal
- ½ cawan bawang cincang
- ¼ cawan lada hijau dicincang
- 1 (8 oz.) tin tomato, dihancurkan
- 1 (6 oz.) tin pes tomato
- 1 sudu teh Gula
- 1 sudu teh oregano kering, dihancurkan
- ½ sudu teh garam bawang putih
- ½ cawan keju mozzarella yang dicincang

ARAHAN:

a) Masak spageti dan toskan - kacau mentega atau marjerin ke dalam spageti panas. Masukkan keju Parmesan dan telur. Bentukkan adunan spageti ke dalam kerak, dalam pinggan pai 10 inci yang telah disapu mentega.

b) Sapukan keju kotej di bahagian bawah kerak spageti. Dalam kuali masak daging lembu, bawang besar dan lada hijau sehingga sayur-sayuran lembut dan daging berwarna perang.

c) Buang lemak berlebihan. Masukkan tomato yang tidak ditapis, pes tomato, gula, oregano dan garam. Panaskan dengan teliti. Tukar campuran daging ke dalam kerak.

d) Bakar tanpa penutup dalam ketuhar 350 darjah selama 20 minit. Taburkan keju mozzarella. Bakar 5 minit atau sehingga keju cair.

75. Pai jagung

Membuat: 8 Hidangan

BAHAN-BAHAN:
- ½ cawan Marjerin atau pemendekan lain
- 1 sudu teh Vanila
- 1 cawan Susu, atau pengganti susu
- 3 Telur, atau 1 telur keseluruhan dan 3 putih telur
- 1 cawan Tepung
- 1 sudu teh serbuk penaik
- 1 sudu garam (pilihan)
- 2 tin (16 oz) jagung berkrim

ARAHAN:
a) Masukkan semua bahan kecuali jagung dan gaul rata.
b) Masukkan jagung, gaul.
c) Bakar pada suhu 350 darjah sehingga padat, kira-kira satu jam.

PAI PEDAS

76. Pai Karamel Lama

Membuat: pai 1 - 9 inci

BAHAN-BAHAN:
- 1 (9 inci) kulit pai, dibakar
- 1 cawan gula putih
- ⅓ cawan tepung serba guna
- ⅛ sudu teh garam
- 2 cawan susu
- 4 biji kuning telur besar kuning telur, dipukul
- 1 cawan gula putih

Arah
a) Dalam periuk sederhana, campurkan bersama 1 cawan gula, tepung, garam, susu, dan kuning telur, kacau sehingga rata. Masak dengan api sederhana hingga pekat dan berbuih, kacau sentiasa. Angkat dari api dan ketepikan.
b) Taburkan baki 1 cawan gula dalam kuali besi tuang 10 inci. Masak dengan api sederhana, kacau sentiasa sehingga gula menjadi karamel.
c) Keluarkan dari haba dan tuangkan dengan teliti ke dalam campuran krim suam. Kacau hingga rata. Tuang adunan ke dalam pastri. Sejukkan sepenuhnya dan hidangkan bersama krim putar

77. Pai Epal Kayu Manis-Gula

Membuat: 10

BAHAN-BAHAN:
- 2-1/2 cawan tepung serba guna
- 1/2 sudu teh garam
- 1-1/4 cawan lemak babi sejuk
- 6 hingga 8 sudu besar susu 2% sejuk

PENGISIAN:
- 2-1/2 cawan gula
- 1 sudu teh kayu manis tanah
- 1/2 sudu teh halia kisar
- 9 cawan epal tart yang dihiris nipis (kira-kira 9 medium)
- 1 sudu besar bourbon, pilihan
- 2 sudu besar tepung serba guna
- Garam petak
- 3 sudu besar mentega sejuk, kiub
- 1 sudu besar 2% susu
- 2 sudu teh gula kasar

Arah

a) Dalam mangkuk besar, campurkan tepung dan garam; potong lemak babi hingga lumat. Masukkan susu secara beransur-ansur, toskan dengan garfu sehingga doh melekat apabila ditekan. Bahagikan doh separuh. Bentuk setiap satu ke dalam cakera; bungkus dalam plastik. Sejukkan 1 jam atau semalaman.

b) Untuk mengisi, dalam mangkuk besar, campurkan gula, kayu manis dan halia. Masukkan epal dan toskan hingga rata. Penutup; biarkan selama 1 jam untuk membolehkan epal mengeluarkan jus, kacau sekali-sekala.

c) Toskan epal, simpan sirap. Letakkan sirap dan, jika dikehendaki, bourbon dalam periuk kecil; masak sehingga mendidih. Kurangkan haba; reneh, tidak bertutup, 20-25 minit atau sehingga adunan sedikit pekat dan bertukar warna kuning sederhana. Keluarkan dari haba; sejuk sepenuhnya.

d) Panaskan ketuhar hingga 400°. Toskan epal yang telah ditoskan dengan tepung dan garam. Pada permukaan yang ditaburkan sedikit tepung, canai separuh doh ke bulatan setebal 1/8 inci;

pindahkan ke 10-in. besi tuang atau kuali kalis ketuhar dalam yang lain. Potong pastri walaupun dengan rim. Masukkan campuran epal. Tuangkan sirap sejuk ke atas; titik dengan mentega.

e) Canai doh yang tinggal kepada bulatan setebal 1/8 inci. Letakkan di atas isian. Potong, kedap dan tepi seruling. Potong celah di bahagian atas. Sapu susu ke atas pastri; taburkan dengan gula kasar. Letakkan di atas loyang beralaskan foil. Bakar 20 minit.

f) Kurangkan tetapan ketuhar kepada 350°. Bakar 45-55 minit lebih lama atau sehingga kerak berwarna perang keemasan dan isinya berbuih. Sejukkan pada rak dawai.

78. Kuali Kotor Pai Epal Karamel Masin

Membuat: 7 Hidangan

BAHAN-BAHAN:
KERAK PIE (MENJADIKAN 2 KERAK):
- 2 ½ cawan Tepung Serba Guna
- 1 sudu teh Garam Kosher
- 1 sudu besar gula pasir
- ½ paun mentega tanpa garam sejuk
- 1 cawan air sejuk
- ¼ cawan cuka sari apel

KARAMEL (CUKUP UNTUK 2 PIE):
- 1 cawan gula pasir
- ¼ cawan mentega tanpa garam
- ½ cawan krim putar berat
- ½ sudu teh garam laut

ISI PAI EPAL (CUKUP UNTUK 1 PAI):
- 3 paun Epal Granny Smith
- 1 sudu besar gula pasir
- Jus lemon, seperti yang diperlukan (kira-kira ¼ cawan)
- 2-3 sengkang Angostura Bitters
- ⅓ cawan gula dalam mentah
- ¼ sudu teh kayu manis tanah
- ¼ sudu teh lada sulah
- Secubit buah pala yang baru diparut
- ¼ sudu teh garam Kosher
- 2 sudu besar Tepung serba guna
- 2 sudu besar tepung jagung
- 1 biji telur (untuk cucian telur)
- Gula dalam mentah untuk kemasan

ARAHAN:

UNTUK KERAK PIE:
a) Kacau tepung, garam dan gula dalam mangkuk.
b) Gunakan parut keju untuk memarut mentega sejuk ke dalam adunan tepung.
c) Secara berasingan, satukan air dan cuka dalam mangkuk kecil. Simpan sejuk.
d) Menggunakan tangan anda untuk menggabungkan, perlahan-lahan masukkan 2 sudu besar satu masa bancuhan air/cuka ke dalam adunan tepung sehingga sebati. Beberapa
e) bit kering mungkin kekal; ini tidak mengapa.
f) Asingkan doh kepada 2 bahagian dan balut setiap bahagian secara berasingan dalam bungkus plastik. Letakkan di dalam peti sejuk untuk menyejukkan sekurang-kurangnya sejam atau semalaman.
g) Canai satu bahagian doh pai sejuk secara berasingan (setiap bahagian adalah satu kerak) ke atas permukaan yang ditaburkan sedikit tepung.
h) Letakkan kerak yang digulung ke dalam kuali pai bersaiz 9 inci yang telah digris.

UNTUK KARAMEL:
i) Dalam periuk, cairkan gula dengan api perlahan. JANGAN biarkan ia hangus.
j) Setelah gula cair, angkat dari api. Pukul dalam mentega.
k) Kacau dalam krim putar berat dan garam laut.
l) Biarkan ia sejuk.

UNTUK PENGISIAN PAI APPLE:
m) Kupas, inti, dan potong epal. Masukkan ke dalam bekas 8 liter. Toskan setiap keping dengan jus lemon dan 1 sudu besar gula pasir.
n) Taburkan epal dengan Bitters, gula dalam kayu manis mentah yang dikisar, Allspice, pala, garam halal, tepung serba guna dan tepung jagung.
o) Gaul sebati.
p) Lapiskan epal dengan ketat ke dalam kulit pai yang telah disediakan, lekapkan epal sedikit di tengah.

q) Tuangkan ¾ cawan sos karamel yang telah disejukkan secara merata ke atas epal.
r) Canai doh kerak pai yang tinggal sebagai kerak atas untuk pai; buat kekisi, jika dikehendaki. Kelimkan tepi kedua-dua kerak pai bersama-sama.
s) Sejukkan pai selama 10-15 minit sebelum dibakar.
t) Bakar selama 20 minit pada 400 darjah; bakar selama 30 minit tambahan pada suhu 375 darjah. Pastikan untuk memutarkan pai jika ia menjadi gelap pada satu tepi semasa membakar.
u) Biarkan sejuk selama 2-3 jam sebelum dihidangkan. Potong kepada 7 bahagian.

79. Pai parfait telur

Membuat: 6 Hidangan

BAHAN-BAHAN:
- 1 pek gelatin berperisa Lemon
- 1 cawan air panas
- 1 liter aiskrim Vanila
- ¼ sudu teh Pala
- ¾ sudu teh perisa Rum
- 2 kuning telur yang dipukul dengan baik
- 2 putih telur yang dipukul keras
- 4 hingga 6 kerang tart pastri yang dibakar
- Whipped cream Candy decorettes

ARAHAN:
a) Larutkan gelatin dalam air panas.
b) Potong aiskrim kepada 6 ketul, masukkan ke dalam gelatin, dan kacau sehingga cair. Sejukkan sehingga separa set.
c) Masukkan buah pala dan perasa.
d) Masukkan kuning telur, dan masukkan putih telur.
e) Tuangkan ke dalam kulit tart yang telah disejukkan, dan sejukkan sehingga set.
f) Teratas dengan krim putar dan taburkan dengan hiasan gula-gula.

80. Pai Tiramisu Rempah Labu

Membuat: Satu pai 9 inci
BAHAN-BAHAN:
- 1 ½ cawan krim pekat
- 2 biji telur besar, diasingkan
- ⅓ cawan ditambah 1 sudu besar gula
- 1 cawan mascarpone, pada suhu bilik
- ½ cawan puri labu dalam tin
- 1 ½ sudu teh rempah pai labu
- 1 ½ cawan espresso yang dibancuh, pada suhu bilik
- Pakej ladyfingers 5.3 auns
- Coklat pahit atau separa manis, untuk bercukur

ARAHAN:

a) Dalam mangkuk pengadun berdiri yang dipasang dengan lampiran pukul, pukul krim pada kelajuan sederhana tinggi sehingga puncak kaku terbentuk; pindahkan ke dalam mangkuk kecil dan sejukkan.

b) Dalam mangkuk yang telah dibersihkan pengadun berdiri yang dipasang dengan lampiran pukul yang telah dibersihkan, pukul putih telur pada kelajuan tinggi sehingga puncak lembut terbentuk. Tambah 1 sudu besar gula dan pukul sehingga membentuk puncak kaku; pindahkan ke mangkuk kecil.

c) Dalam mangkuk yang telah dibersihkan pengadun berdiri yang dipasang dengan lampiran pukul yang telah dibersihkan, pukul bersama kuning telur dan baki ⅓ cawan gula pada kelajuan tinggi sehingga pekat dan kuning pucat. Perlahan-lahan lipat mascarpone, puree labu, rempah pai labu, dan satu pertiga daripada krim disebat ke dalam campuran kuning telur. Masukkan putih telur yang telah dipukul perlahan-lahan dan sejukkan.

d) Letakkan espresso di atas pinggan cetek. Celupkan kedua-dua belah ladyfingers ke dalam espresso dan susunkannya dalam hidangan pai 9 inci untuk melapik sepenuhnya bahagian bawah. Teratas dengan separuh daripada campuran labu, lebih banyak ladyfingers yang dicelup espresso, dan baki campuran labu. Hiaskan pai dengan baki krim putar dan serpihan coklat. Sejukkan selama 8 jam atau sehingga semalaman, sehingga sedia untuk dihidangkan.

81. Pai roti kayu manis

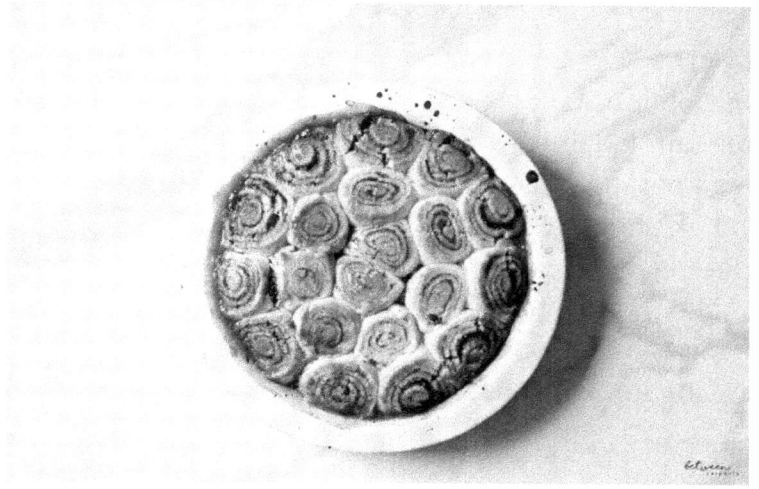

MEMBUAT 1 (10-INCI) PIE; BERKHIDMAT 8 HINGGA 10

BAHAN-BAHAN:
- ½ hidangan Doh Ibu, kalis
- 30 g tepung, untuk habuk [3 sudu besar]
- 80 g mentega perang [¼ cawan]
- 1 hidangan Kek Cheese Cecair
- 60 g gula perang muda [¼ cawan padat]
- 1 g garam halal [¼ sudu teh]
- 2 g kayu manis tanah [1 sudu teh]
- 1 hidangan Cinnamon Streusel

Arah
a) Panaskan ketuhar hingga 350°F.
b) Tumbuk dan leperkan doh kalis.
c) Ambil secubit tepung dan lemparkan ke atas permukaan meja kering yang licin seolah-olah anda melangkau batu di atas air, untuk melapisi kaunter dengan ringan. Ambil secubit tepung lagi dan taburkan sedikit penggelek. Gunakan pin canai untuk meratakan bulatan doh yang telah ditebuk ke bawah, kemudian gulungkan doh dengan pin canai atau regangkan doh dengan tangan seolah-olah anda sedang membuat pizza dari awal. Matlamat akhir anda adalah untuk mencipta bulatan besar yang berdiameter lebih kurang 11 inci. Simpan tin pai 10 inci anda berdekatan untuk rujukan. Pusingan doh 11 inci hendaklah tebal ¼ hingga ½ inci.
d) Perlahan-lahan letakkan doh dalam loyang pai. Selang-seli antara menggunakan jari dan tapak tangan anda untuk menekan doh dengan kuat ke tempatnya. Letakkan tin pai di atas loyang.
e) Gunakan bahagian belakang sudu untuk meratakan separuh daripada mentega perang di atas doh.
f) Gunakan bahagian belakang sudu lain (anda tidak mahu mentega perang dalam lapisan kek keju putih berkrim anda!) untuk menyebarkan separuh kek keju cair dalam lapisan sekata

di atas mentega perang. Sapukan baki mentega perang dalam lapisan sekata di atas kek keju cair.

g) Taburkan gula perang di atas mentega perang. Tampalkannya dengan belakang tangan anda untuk membantu mengekalkannya di tempatnya. Kemudian tabur rata dengan garam dan kayu manis.

h) Sekarang untuk lapisan yang paling sukar: baki kek keju cair. Kekal sejuk, dan sebarkannya selembut yang anda boleh untuk mencapai lapisan yang paling sekata mungkin.

i) Taburkan Streusel secara rata di atas lapisan kek keju. Gunakan bahagian belakang tangan anda untuk mengamankan Streusel.

j) Bakar pai selama 40 minit. Kerak akan kembang dan perang, kek keju cair akan menjadi padat, dan topping Streusel akan rangup dan perang. Selepas 40 minit, goncangkan kuali perlahan-lahan. Bahagian tengah pai hendaklah bergoyang sedikit. Isi hendaklah ditetapkan ke arah sempadan luar loyang pai. Jika sebahagian daripada isian meletus pada kuali lembaran di bawah, jangan risau—anggap ia sebagai snek untuk kemudian. Jika perlu, bakar selama 5 minit tambahan, sehingga pai memenuhi keterangan di atas.

k) Sejukkan pai pada rak dawai. Untuk menyimpan, sejukkan pai sepenuhnya dan bungkus dengan baik dalam bungkus plastik. Di dalam peti sejuk, pai akan kekal segar selama 3 hari (kerak menjadi basi dengan cepat); dalam peti ais, ia akan disimpan selama 1 bulan.

l) Apabila anda sudah bersedia untuk menghidangkan pai, ketahuilah bahawa ia lebih baik dihidangkan dalam keadaan hangat! Hiris dan masukkan ke dalam ketuhar gelombang mikro setiap keping selama 30 saat, atau panaskan keseluruhan pai dalam ketuhar 250°F selama 10 hingga 20 minit, kemudian potong dan hidangkan.

82. Ais krim kayu manis oat

Membuat kira-kira 1 liter

BAHAN-BAHAN:
- Pangkalan Aiskrim Kosong
- 1 cawan oat
- 1 sudu besar kayu manis tanah

ARAHAN:
a) Sediakan tapak kosong mengikut arahan.
b) Dalam kuali kecil di atas api sederhana, satukan oat dan kayu manis. Roti bakar, kacau selalu, selama 10 minit, atau sehingga perang dan aromatik.
c) Untuk meresap, masukkan kayu manis dan oat yang telah dibakar ke pangkalnya apabila ia keluar dari dapur dan biarkan selama kira-kira 30 minit. Menggunakan set penapis mesh di atas mangkuk; tapis pepejal, tekan untuk memastikan anda mendapat sebanyak mungkin krim berperisa. Sedikit pulpa oat mungkin keluar, tetapi tidak mengapa-ia sedap! Simpan pepejal oat untuk resipi oat!
d) Anda akan kehilangan sedikit campuran untuk penyerapan, jadi Makes pada ais krim ini akan menjadi kurang sedikit daripada biasa.

e) Simpan adunan di dalam peti sejuk anda semalaman. Apabila anda sudah bersedia untuk membuat ais krim, sekali lagi campurkan dengan pengisar rendaman sehingga licin dan berkrim.
f) Tuangkan ke dalam pembuat aiskrim dan bekukan mengikut arahan pengilang. Simpan dalam bekas kedap udara dan bekukan semalaman.

83. Pai kelapa Amaretto

Membuat: pai 1 - 9 inci

BAHAN-BAHAN:
- ¼ cawan Mentega; atau marjerin, lembutnd
- 1 cawan Gula
- 2 biji Telur besar
- ¾ cawan Susu
- ¼ cawan Amaretto
- ¼ cawan tepung naik sendiri
- ⅔ cawan kelapa parut

ARAHAN:
a) Pukul mentega dan gula pada med. kelajuan pengadun elektrik sehingga ringan dan gebu. Tambah telur; pukul dengan baik.
b) Masukkan susu, amaretto, dan tepung, pukul sebati.
c) Kacau dalam kelapa. Tuang adunan ke dalam pieplat 9" yang telah digris sedikit.
d) Bakar pada suhu 350~ selama 35 minit. atau sehingga ditetapkan. Sejukkan sepenuhnya pada rak dawai.

84. Pai kastard Amish

Membuat : 1 hidangan

BAHAN-BAHAN:
- ⅓ cawan gula
- 2 sudu teh tepung
- ½ sudu teh garam
- 3 Telur
- 3 cawan susu
- ¼ sudu teh Buah pala
- 1 9 inci kulit pai yang belum dibakar

ARAHAN:
a) Satukan gula, tepung, garam dan telur dan gaul hingga rata. Panaskan susu hingga takat didih.
b) Masukkan 1 cawan susu panas ke dalam adunan telur. Tuangkan ke dalam baki susu panas.
c) Tuangkan ke dalam kulit pai yang belum dibakar. Taburkan buah pala di atas. Bakar pada 350 darjah F. selama 45-60 minit.

WHOOPIE PIES

85. Pai Tiramisu Whoopie

Membuat: 6 hidangan

BAHAN-BAHAN:
COOKIES:
- 2 cawan tepung badam
- 3 sudu besar protein whey tanpa rasa
- ½ cawan Pemanis Butiran Buah Monk
- 2 sudu teh serbuk penaik
- ½ sudu teh baking soda
- ½ sudu teh garam
- ½ cawan mentega dipotong menjadi kiub kecil
- ½ cawan pengganti gula rendah karbohidrat atau ½ cawan pemanis rendah karbohidrat kegemaran anda
- 2 biji telur besar
- 1 sudu teh ekstrak vanila
- ½ cawan krim masam penuh lemak
- serbuk koko untuk habuk

PENGISIAN:
- ¼ cawan kopi espreso sejuk atau kopi pekat
- 1 sudu besar rum gelap pilihan atau sub dengan minuman keras pilihan anda
- Keju mascarpone 8 auns
- 2 sudu besar pengganti gula rendah karbohidrat
- secubit garam
- ½ cawan krim berat
- 2 sudu teh ekstrak vanila
- 2 sudu teh rum gelap pilihan atau sub dengan minuman keras pilihan anda

ARAHAN:
a) Panaskan ketuhar hingga 350 °F. Sembur kuali whoopie pie dengan semburan tidak melekat.
b) Campurkan tepung badam, serbuk protein, pemanis gula perang, serbuk penaik, soda penaik, dan garam dalam mangkuk. Mengetepikan.

c) Pukul mentega dan gula dengan pengadun pada kelajuan sederhana tinggi, sehingga berkrim; lebih kurang 2 minit. Masukkan telur dan 1 sudu teh vanila, pukul sehingga sebati. Kikis bahagian tepi mangkuk. Masukkan krim masam, kemudian keringkan adunan.

d) Menggunakan satu sudu teh kecil, cedok adunan ke dalam setiap acuan pai whoopie, mengisi kira-kira ⅔ ruang. Letakkan sedikit serbuk koko dalam penapis kecil dan taburkan sedikit serbuk koko di atas setiap sudu adunan.

e) Bakar sehingga bahagian tepi berwarna keemasan, kira-kira 10-12 minit.

f) Sejukkan pada rak dawai selama kira-kira 10 minit kemudian keluarkan kuki dari kuali dan biarkan sejuk.

g) Setelah sejuk, terbalikkan biskut di atas rak.

h) Campurkan espresso dan 3 sudu besar rum gelap dalam mangkuk kecil. Sapukan kira-kira ¼ sudu teh cecair espresso pada bahagian bawah setiap kuki.

i) Pukul keju mascarpone, pengganti gula rendah karbohidrat, garam, krim kental vanila, dan 1 T. rum gelap dengan pengadun sehingga licin. Sudukan sebahagian daripada campuran keju mascarpone pada separuh coklat biskut. Letakkan separuh lagi biskut di atas.

j) Hidangkan segera atau letakkan di dalam peti sejuk.

86. Molasses pai whoopie

Membuat: 1 Hidangan

BAHAN-BAHAN:
- 2 biji telur
- 2 cawan gula perang
- 1 cawan Molase
- 1 cawan Marjerin
- 1½ cawan susu manis
- 4 sudu teh Baking soda
- ½ sudu teh Halia
- ½ sudu teh Kayu Manis
- ½ sudu kecil Cengkih
- 5 cawan Tepung
- 2 putih telur
- 2 sudu teh Vanila
- 4 sudu besar Tepung
- 2 sudu besar Susu
- 1½ cawan minyak sayuran
- 1 paun 10 x gula

ARAHAN:
a) Krim shortening, gula dan telur. Masukkan molase, susu dan bahan kering.
b) Titiskan demi sesudu pada loyang. Bakar 350 8-10 minit. PENGISIAN: Pukul putih telur hingga kembang.
c) Masukkan vanila, tepung dan susu. Pukul rata dan masukkan shortening dan gula.
d) Apabila biskut sejuk sapukan isi pada dua dan satukan.

87. Pai whoopie oat

Membuat: 1 Hidangan

BAHAN-BAHAN:
- 2 cawan gula perang
- ¾ cawan Shortening
- 2 biji telur
- ½ sudu teh Garam
- 1 sudu teh Kayu Manis
- 1 sudu teh serbuk penaik
- 1 sudu teh Baking soda
- 3 sudu besar air mendidih
- 2½ cawan Tepung
- 2 cawan Oatmeal
- 2 putih telur, dipukul
- 2 sudu teh Vanila
- 4 sudu besar Tepung
- 2 sudu besar 10X gula
- 4 sudu besar Susu
- 1½ cawan Crisco solid shortening
- 4 cawan 10X gula

ARAHAN:
a) Krim gula perang dan shortening. Masukkan telur dan pukul. Masukkan garam, kayu manis, dan serbuk penaik. Larutkan baking soda dalam air mendidih dan masukkan ke dalam adunan. Masukkan tepung dan oat. Sudukan pada helaian biskut yang telah digris dan bakar 8 hingga 10 minit pada suhu 350 darjah. Sejukkan sepenuhnya.
b) Isi, menggunakan pengisian di bawah. Buat biskut sandwic. Pukul putih telur, masukkan vanila, 4 sudu besar tepung, 2 sudu besar 10X gula dan susu.
c) Masukkan shortening dan pukul sebati. Masukkan 4 cawan 10X gula dan pukul lagi.
d) Buat sandwic.

POT-PIIES

88. Pai periuk cendawan dan daging lembu

Membuat: 4 Hidangan

BAHAN-BAHAN:
- 1 paun daging lembu rebus
- 3 sudu besar tepung serba guna
- ¼ sudu teh Garam
- ½ sudu teh Lada
- 1 sudu besar Minyak sayuran
- 1 Bawang besar, dicincang
- 1 ulas bawang putih, dikisar
- 2 lobak merah, dicincang
- 3 cawan Cendawan, dihiris
- ½ sudu teh Biji kering
- 2 cawan stok daging lembu
- 2 sudu besar vermouth kering [optl]
- 1 sudu besar pes tomato
- 1 sudu teh sos Worcestershire
- 1 cawan kacang polong beku
- 1¼ cawan tepung serba guna
- 1 sudu besar pasli segar, dicincang
- 2 sudu teh serbuk penaik
- ¾ sudu teh baking soda
- secubit Garam
- secubit Lada
- 3 sudu besar Mentega, sejuk
- ¾ cawan yogurt rendah lemak biasa

ARAHAN:
a) Potong daging lembu; dipotong mengikut saiz gigitan. Dalam beg plastik, satukan tepung dengan garam dan separuh daripada lada. masukkan daging lembu dalam adunan tepung, secara berkelompok jika perlu.
b) Dalam kuali nonstick yang besar dan dalam, panaskan separuh minyak di atas api sederhana tinggi; daging perang dalam

kelompok, menambah baki minyak yang diperlukan. Pindahkan ke pinggan; mengetepikan.

c) Kacau bawang, bawang putih, lobak merah, cendawan, sage dan 1 sudu besar air ke dalam kuali; masak, kacau, selama kira-kira 7 minit atau sehingga keemasan dan kelembapan menyejat.

d) Kacau dalam ⅔ cawan air, stok, vermouth, pes tomato, Worcestershire, baki lada dan daging simpanan. masak sehingga mendidih; kecilkan api dan reneh, ditutup, kacau sekali-sekala, selama 1 jam.

e) Mendedahkan; masak lebih kurang 15 minit atau sehingga daging empuk dan sos pekat. Kacau dalam kacang; biarkan sejuk. Tuangkan ke dalam loyang bersaiz 8 inci persegi.

f) Topping Biskut Ringan: Dalam mangkuk besar, kacau bersama tepung, pasli, serbuk penaik, soda penaik, garam dan lada sulah; potong mentega sehingga adunan menyerupai serbuk kasar. Tambah yogurt sekaligus; kacau dengan garfu untuk membuat doh yang lembut dan likat.

g) Pada permukaan yang ditaburkan sedikit tepung, uli doh perlahan-lahan 8 kali atau sehingga licin.

h) Tepuk perlahan-lahan doh ke dalam persegi 8 inci. Potong kepada 16 segi empat sama. Letakkan di atas campuran daging lembu dalam 4 baris.

i) Bakar dalam ketuhar 450F 230C selama 25-30 minit atau sehingga berbuih, kerak keemasan dan biskut masak di bawahnya apabila diangkat perlahan-lahan.

j) Hidangkan bersama zucchini tumis.

89. Pai periuk ayam cheddar

Membuat: 6 Hidangan

BAHAN-BAHAN:

KERAK
- 1 cawan campuran penaik rendah lemak
- ¼ cawan Air

PENGISIAN
- 1½ cawan air rebusan ayam
- 2 cawan Kentang, dikupas dan
- kiub
- 1 cawan lobak merah, dihiris
- ½ cawan Saderi, dihiris
- ½ cawan Bawang, dicincang
- ½ cawan lada benggala, dicincang
- ¼ cawan tepung tidak diluntur
- 1½ cawan susu skim
- 2 cawan keju cheddar tanpa lemak --Parut
- 4 cawan Ayam, daging ringan tanpa kulit
- Dimasak dan dipotong dadu
- ¼ sudu teh perasa ayam

RAHAN:

a) Panaskan ketuhar hingga 425. Untuk menyediakan kerak, satukan 1 cawan adunan pembakar dan air sehingga doh lembut; pukul dengan kuat. Perlahan-lahan licinkan doh menjadi bebola di atas permukaan tepung. Uli 5 kali. Ikut arahan sewajarnya untuk kerak. Untuk menyediakan inti, panaskan sup dalam periuk.

b) Masukkan kentang, lobak merah, saderi, bawang besar, dan lada benggala. Reneh 15 minit atau sehingga semuanya empuk. Blend tepung dengan susu. Kacau ke dalam adunan kuah. Masak dan kacau dengan api sederhana sehingga sedikit pekat. Kacau dalam keju, ayam, dan perasa ayam. Panaskan sehingga keju cair. Sudukan ke dalam hidangan kaserol 2 liter. Letakkan kerak di atas isi dalam kaserol. Kedap tepi. Buat celah dalam kerak untuk mengukus.

c) Bakar, selama 40 minit atau sehingga perang keemasan.

90. Pai periuk babi rumah ladang

Membuat: 6 Hidangan

BAHAN-BAHAN:
- 2 Bawang besar, dihiris
- 2 lobak merah, besar, dihiris
- 1 kepala kobis, kecil, cincang
- 3 cawan daging babi, dimasak, dipotong dadu
- Garam secukup rasa
- 1 Pastri untuk pai 9 inci
- ¼ cawan Mentega atau marjerin
- 2 biji kentang, besar, dipotong dadu
- 1 tin air rebusan ayam (14oz)
- 1 sudu besar pahit aromatik Angostura
- Lada putih secukup rasa
- 2 sudu kecil biji jintan

ARAHAN:
a) 1. Tumis bawang dalam mentega hingga kekuningan. 2. Masukkan lobak merah, kentang, kubis, sup, daging babi dan pahit; tutup dan masak sehingga kubis empuk, kira-kira 30 minit.

b) 3. Perasakan dengan garam dan lada putih secukup rasa. 4. Sediakan pastri, masukkan biji jintan. 5. Canai pastri di atas papan yang ditaburkan sedikit tepung hingga ketebalan ⅛ inci; potong enam bulatan 6 inci ke atas enam kuali pai 5 inci. 6. Bahagikan inti sama rata antara kuali pai; atas dengan kerak, membenarkan pastri tergantung ½ inci di atas sisi kuali. 7. Potong salib di tengah setiap pai; tarik kembali mata pastri untuk membuka bahagian atas pai.

c) Bakar dalam 400'F yang telah dipanaskan terlebih dahulu. ketuhar 30 hingga 35 minit, atau sehingga kerak berwarna perang dan isinya berbuih.

91. Pai periuk udang galah

Membuat: 6 hidangan

BAHAN-BAHAN:
- 6 sudu besar Mentega
- 1 cawan bawang cincang
- ½ cawan saderi cincang
- garam; untuk rasa
- Lada putih yang baru dikisar; untuk rasa
- 6 sudu besar Tepung
- 3 cawan Makanan laut atau stok ayam
- 1 cawan Susu
- 2 cawan kentang potong dadu; diputihkan
- 1 cawan lobak merah dipotong dadu; diputihkan
- 1 cawan kacang manis
- 1 cawan ham bakar potong dadu
- 1 paun daging Lobster; masak, potong dadu
- ½ cawan Air -; (hingga 1 cawan)
- ½ Resipi Kerak Pai Savory Asas
- Digulung mengikut saiz kuali

ARAHAN:
a) Panaskan ketuhar hingga 375 darjah. Lumurkan pinggan mangkuk kaca segi empat tepat. Dalam kuali tumis yang besar, cairkan mentega. Masukkan bawang dan saderi dan tumis selama 2 minit.
b) Perasakan dengan garam dan lada sulah. Kacau dalam tepung dan masak selama kira-kira 3 hingga 4 minit untuk roux berambut perang.
c) Masukkan stok dan biarkan cecair mendidih. Kecilkan hingga mendidih dan teruskan masak selama 8 hingga 10 minit, atau sehingga sos mula pekat. Masukkan susu dan teruskan masak selama 4 minit.
d) Perasakan dengan garam dan lada sulah. Keluarkan dari api. Masukkan kentang, lobak merah, kacang polong, ham dan udang galah. Perasakan dengan garam dan lada sulah.

Campurkan inti dengan teliti. Jika inti terlalu pekat, tambah sedikit air untuk menipiskan inti.

e) Tuangkan inti ke dalam kuali yang disediakan. Letakkan kerak di atas inti.
f) Berhati-hati masukkan kerak bertindih ke dalam kuali, membentuk tepi tebal. Kelim tepi kuali dan letak di atas loyang.
g) Menggunakan pisau tajam dan buat beberapa belahan di bahagian atas kerak. Letakkan hidangan di dalam ketuhar dan bakar selama kira-kira 25 hingga 30 minit atau sehingga kerak berwarna perang keemasan dan rangup.
h) Keluarkan dari ketuhar dan sejukkan selama 5 minit sebelum dihidangkan.

92. Pai periuk stik

Membuat: 4 Hidangan

BAHAN-BAHAN:
- 1 cawan bawang cincang
- 2 sudu besar Marjerin
- 3 sudu besar tepung serba guna
- 1½ cawan sup daging
- ½ cawan A 1 Sos Steak Asli atau A.1 Bold & Spicy
- 3 cawan stik masak kiub (kira-kira 1 1/2 paun)
- 1 16 oz. pkg. campuran brokoli, kembang kol dan lobak merah beku
- Sediakan pastri untuk 1 kerak pai
- 1 biji telur, dipukul

ARAHAN:

a) Dalam periuk 2 liter, dengan api sederhana besar, masak bawang dalam marjerin sehingga lembut.

b) Campurkan dalam tepung; masak 1 minit lagi. Tambah sup dan sos stik; masak dan kacau sehingga adunan pekat dan mula mendidih. Masukkan stik dan sayur-sayuran. Sudukan adunan ke dalam loyang kaca bersaiz 8 inci persegi.

c) Canai dan potong kerak pastri supaya muat di atas hidangan. Meterai kerak ke tepi hidangan; sapu dengan telur. Belah bahagian atas kerak untuk dibuang.

d) Bakar pada 400øF 25 minit atau sehingga kerak berwarna perang keemasan.

e) Hidangkan segera. Hiaskan seperti yang dikehendaki.

93. Pai periuk ayam Asia

Membuat: 1 Hidangan

BAHAN-BAHAN:
- 4 6-Auns Dada Ayam Tanpa Tulang Dan Tanpa Kulit
- ½ sudu teh cuka hitam Cina
- 1 kepala brokoli
- ½ paun berangan air
- 1 lobak merah besar
- 1 tangkai saderi
- 1 Bokchoy kecil
- 2 sudu besar minyak zaitun
- 2 sudu besar Tepung jagung
- ½ sudu teh Cina 5 rempah
- Garam dan lada sulah secukup rasa
- 3 ulas bawang putih, cincang
- 2 sudu besar Bawang besar
- 1 sudu teh halia cincang
- 1 cawan air rebusan ayam
- 8 helai adunan phyllo
- 2 sudu besar mentega cair
- 1 sudu besar kucai cina yang dicincang
- 4 tangkai Rosemary besar

ARAHAN:

a) Potong ayam menjadi jalur 2 inci. Potong semua sayuran menjadi jalur 2 inci dan rebus. Dalam kuali besar dengan api besar, tumiskan kepingan ayam dengan cuka. Masukkan tepung jagung. Perasakan dengan 5 serbuk rempah, garam dan lada sulah. Masukkan bawang putih, bawang besar dan halia. Kacau selama 5 hingga 6 minit. Masukkan stok ayam dan sayur. Masak selama 8 hingga 10 minit. Periksa perasa.

b) Sejuk. Lapiskan empat helai ½ inci doh phyllo, sapu dengan mentega di antara helaian dan letakkan dalam loyang pai empat inci. Ulangi proses untuk empat kuali. Bahagikan sama rata adunan ayam pada setiap kuali. Masukkan daun kucai. Lipat sudut ke tengah. Bakar dalam ketuhar 400 darjah selama 12 minit.

c) Pindahkan segera ke pinggan hidangan dan hiaskan dengan tangkai rosemary.

PAI DAGING KISAR

94. Pai cincang Baileys

Membuat: 9-12 pai

BAHAN-BAHAN:
- 200g tepung biasa, ditambah tambahan untuk habuk
- 100g mentega, sejukkan dan potong kiub
- 1 sudu teh gula kastor
- 1 biji telur jarak bebas sederhana, dipukul sedikit
- 1 sudu besar Baileys Original
- 250g daging cincang berkualiti baik
- 2 sudu besar susu untuk memberus

UNTUK MENTEGA BAILEYS
- 75g mentega, dilembutkan
- 75g gula aising, ditambah tambahan untuk habuk
- 2 sudu besar Baileys Original

ARAHAN:
a) Masukkan tepung ke dalam mangkuk adunan yang besar dan masukkan kiub mentega yang telah disejukkan. Sapu mentega ke dalam tepung dengan hujung jari sehingga adunan menyerupai serbuk roti. Masukkan gula, kemudian masukkan telur dan cepat-cepat satukan adunan untuk membentuk doh yang lembut. Jika kelihatan kering, tambahkan percikan air sejuk. Balut pastri dalam filem berpaut dan sejukkan selama 30 minit..

b) Panaskan ketuhar pada 180°C kipas/gas 6. Campurkan Bailey ke dalam daging cincang dan ketepikan.

c) Di atas permukaan yang ditaburi sedikit tepung, canai pastri dan potong 9-12 bulatan yang cukup besar untuk melapik lubang tin anda. Tekan ke bawah perlahan-lahan di dalam lubang menggunakan bola kecil pastri ganti. Potong 9-12 bulatan yang lebih kecil, bintang atau bentuk perayaan untuk penutup daripada pastri yang tinggal.

d) Letakkan kira-kira satu sudu besar daging cincang dalam setiap pai. Sapu tepi bawah setiap tudung dengan sedikit susu dan letakkan penutup pada pai. Tekan tepi pastri bersama-sama untuk mengelaknya. Sapu bahagian atas setiap pai dengan sedikit lagi susu, kemudian gunakan pisau kecil yang tajam untuk memotong X di bahagian atas setiap pai cincang yang dimeterai untuk membolehkan sebarang wap keluar.

e) Bakar pai cincang dalam ketuhar selama 15-20 minit sehingga keemasan. Biarkan ia sejuk di dalam tin selama 5 minit sebelum berhati-hati mengeluarkannya ke rak dawai untuk menyejukkan sepenuhnya.

f) Untuk mentega Baileys, pukul mentega 75g hingga lembut dan sebati, masukkan gula aising dan Baileys dan pukul lagi. Taburkan pai kisar dengan gula aising dan hidangkan bersama mentega Baileys yang berkrim.

95. Pai epal cincang

Membuat: 1 hidangan

BAHAN-BAHAN:
- 1 9 Inci Pie Shell, belum dibakar
- ¼ cawan Tepung Serbaguna
- ⅓ cawan Gula
- ⅛ sudu teh Garam
- 1 sudu besar Marjerin Atau Mentega
- ¼ cawan Air
- 2 sudu besar Gula-gula Kayu Manis Merah
- 2 Balang (9 Oz) Daging Kisar, Disediakan
- 3 biji epal, Tart

ARAHAN:
a) Sediakan kulit pai. Panaskan ketuhar hingga 425 F. Taburkan 2 sudu besar tepung dalam pinggan pai beralaskan pastri. Campurkan baki tepung, gula, garam dan marjerin sehingga hancur. Panaskan air dan gula-gula kayu manis, kacau sehingga gula-gula larut. Sapukan daging cincang pada pastri.

b) Epal kupas dan potong empat; potong baji, tebal ½ inci di bahagian luar. Tutup daging cincang dengan 2 bulatan hirisan epal yang bertindih; taburkan dengan adunan gula. Sudukan sirap kayu manis di atasnya, basahkan sebanyak mungkin campuran gula.

c) Tutup tepi dengan jalur aluminium foil 2 hingga 3 inci untuk mengelakkan keperangan yang berlebihan; keluarkan foil selama 15 minit terakhir baking. Bakar sehingga kerak berwarna perang keemasan, 40 hingga 50 minit.

96. Pai cincang streusel epal

Membuat: 1 pai

BAHAN-BAHAN:
- 1 kulit pastri yang belum dibakar; 9 inci
- 3 biji epal; dikupas, dihiris nipis
- ½ cawan Tepung; tidak diayak
- 3 sudu besar Tepung; tidak diayak
- 2 sudu besar Marjerin; atau mentega, cair
- 1 Balang Tiada Daging Kisar Sedia untuk digunakan
- ¼ cawan gula perang; padat
- 1 sudu teh kayu manis tanah
- ⅓ cawan Marjerin; atau mentega, sejuk
- ¼ cawan Kacang; dicincang

ARAHAN:

a) Dalam mangkuk besar, toskan epal dengan 3 sudu besar tepung dan marjerin cair; susun dalam kulit pastri. Teratas dengan daging cincang. Dalam mangkuk sederhana, gabungkan baki ½ cawan tepung, gula, dan kayu manis; potong marjerin sejuk sehingga lumat. Tambah kacang; taburkan ke atas daging cincang.

b) Bakar dalam bahagian bawah ketuhar 425 selama 10 minit. Kurangkan suhu ketuhar kepada 375; bakar 25 minit lebih lama atau sehingga kekuningan. Sejuk.

97. Pai cincang kranberi

Membuat: 6 hidangan

BAHAN-BAHAN:
- ⅔ cawan Gula
- 2 sudu besar Tepung jagung
- ⅔ cawan Air
- 1½ cawan kranberi segar, dibilas
- 1 x Pastri untuk 2 kerak pai
- 1 setiap balang sedia untuk digunakan daging cincang
- 1 setiap kuning telur dicampur dengan 2 T. air

ARAHAN:
a) Dalam periuk, satukan gula dan tepung jagung;masukkan air.Atas api besar,masak dan kacau sehingga mendidih.Masukkan cranberry;kembali mendidih.Kecilkan api;reneh 5 hingga 10 minit, kacau sekali-sekala.
b) Tukar daging cincang menjadi pastri yang dialas pinggan pai 9 atau 10". Atas dengan cranberry.
c) Tutup dengan kerak atas berventilasi; kedap dan seruling. Sapu campuran telur ke atas kerak.
d) Bakar @ 425 darjah dalam separuh bahagian bawah ketuhar 30 minit atau sehingga perang keemasan. Sejukkan. Hiaskan dengan Egg Nog.
e) Lipat dalam ½ pain krim putar, disebat. Sejukkan.

98. Pai cincang atas lemon

Membuat: 1 Hidangan

BAHAN-BAHAN:
- 1 cawan Tepung Serbaguna Terbaik Pillsbury, diayak
- ½ sudu teh Garam
- ⅓ cawan memendekkan
- 3 sudu besar air sejuk
- 9 auns Pkg daging cincang kering; pecah berkeping-keping
- 2 sudu besar Gula
- 1 cawan Air
- 2 sudu besar Funsten's Walnuts; dicincang
- 2 sudu besar Mentega
- ⅔ cawan Gula
- 2 sudu besar Tepung
- 2 biji kuning telur
- 1 sudu besar kulit limau parut
- 2 sudu besar jus lemon
- ¾ cawan Susu
- 2 putih telur

ARAHAN:
a) Ayak bersama Tepung Serbaguna Terbaik Pillsbury dan garam ke dalam mangkuk adunan.
b) Potong secara memendekkan sehingga zarah sebesar kacang kecil. Taburkan 3 hingga 4 sudu besar air sejuk ke atas adunan sambil melambung dan kacau perlahan dengan garpu.
c) Tambah air kepada zarah yang paling kering, tolak ketulan ke tepi, sehingga doh cukup lembap untuk disatukan. Bentuk menjadi bola.
d) Ratakan kepada ketebalan ½ inci; tepi licin. Canai di atas permukaan yang ditaburkan hingga bulatan 1½ inci lebih besar daripada piepan 9 inci terbalik. Muatkan longgar ke dalam paipan.
e) Lipat tepi untuk membentuk rim berdiri; seruling. Jangan bakar. Isi Daging Kisar: Satukan daging cincang kering (jika mahu, 2

cawan daging cincang yang disediakan boleh digantikan dengan campuran daging cincang kering), gula dan air dalam periuk kecil.

f) Bawa sehingga mendidih; rebus 1 minit. Sejuk. Kacau dalam 2 sudu besar walnut cincang. Ditukarkan ke dalam kuali yang dialas pastri. Tuangkan topping ke atas daging cincang.

g) Bakar dalam ketuhar sederhana (350 darjah) 45 hingga 50 minit. Sejuk. Topping Lemon: Satukan mentega, gula dan tepung; gaul sebati.

h) Campurkan kuning telur. Kacau dalam kulit limau parut, jus lemon dan ¾ cawan susu. Pukul putih telur sehingga soft peak terbentuk; lipat perlahan-lahan ke dalam adunan.

99. Pai kisar dusun

Membuat: 8 Hidangan

BAHAN-BAHAN:
1 9 inci Pie Crust; tidak dibakar
2 cawan Epal Sederhana; dikupas dan dicincang halus
1 cawan Daging Kisar yang Disiapkan
¾ cawan Krim Ringan
¾ cawan Gula Perang; dibungkus
¼ sudu besar Garam
½ cawan Kacang Cincang

ARAHAN:
a) Dalam mangkuk adunan besar, satukan epal, daging cincang, krim, gula perang dan garam. Gaul sebati.
b) Tuangkan ke dalam kulit pai yang belum dibakar; taburkan dengan kacang.
c) Bakar pada suhu 375° selama 40 hingga 50 minit sehingga kerak berwarna perang keemasan.

100. Pai kisar krim masam

Membuat: 10 Hidangan

BAHAN-BAHAN:
- 1 9-dalam kulit pastri; tidak dibakar
- 1 pek (9 oz) daging cincang pekat; hancur
- 1 cawan jus epal atau air
- 1 epal sederhana; inti, kupas, cincang
- 1 sudu besar Tepung
- 2 cawan krim masam
- 2 biji telur
- 2 sudu besar Gula
- 1 sudu teh Vanila
- 3 sudu besar Kacang; dicincang

ARAHAN:
a) Panaskan ketuhar hingga 425°. Dalam periuk kecil, satukan daging cincang dan jus epal.
b) Didihkan; rebus cepat 1 minit. Dalam mangkuk sederhana, kacau tepung ke dalam epal untuk dilapisi; kacau dalam daging cincang. Tuang ke dalam kulit pastri. Bakar 15 minit.
c) Sementara itu, dalam mangkuk pengadun kecil, gabungkan krim masam, telur, gula dan vanila; pukul sehingga rata. Tuang rata ke atas adunan daging cincang. Taburkan dengan kacang. Kembali ke ketuhar; bakar 8 hingga 10 minit lebih lama sehingga ditetapkan. Sejuk.
d) Sejukkan dengan teliti. Hiaskan seperti yang dikehendaki. Sejukkan sisa makanan.

KESIMPULAN

Pai sentiasa idea yang baik, terutamanya semasa cuti! Menu kesyukuran dan pencuci mulut Krismas sentiasa dipenuhi dengan banyak pai bermusim, seperti labu dan cranberry-oren. Tetapi ada acara lain yang patut dimakan juga. Seperti masakan musim panas di mana pai limau utama dan pai strawberi dijadikan pencuci mulut cuaca panas yang menakjubkan. Kemudian sekali lagi, anda tidak memerlukan alasan untuk membuat pai buatan sendiri. Hanya letakkan kerak pai di dalam peti sejuk dan anda boleh membuat mana-mana resipi pai ini apabila keinginan melanda! Sebagai contoh, anda mungkin ingin membuat pai coklat untuk makan malam Ahad anda. Atau, siapkan batang pai pecan untuk potluck anda.

www.ingramcontent.com/pod-product-compliance
Lightning Source LLC
Chambersburg PA
CBHW071309110526
44591CB00010B/834